高手用人

高效能团队解决员工问题的核心技巧

付国 著

電子工業出版社
Publishing House of Electronics Industry
北京 • BEIJING

内容简介

这是一本关于人才管理“浅规则”的书，本书通过100余个企业实例，先是对企业员工的离职与企业辞退员工的诸多问题进行辩证分析，然后拓展思路，对留任员工的安抚、离职员工的人才库管理等方法进行解释和剖析，最后就如何打造最强团队提出可行性建议。本书的整体思路区别于市面上现有管理团队的图书。

图书在版编目（CIP）数据

高手用人：高效能团队解决员工问题的核心技巧/付国著. —北京：电子工业出版社，2019.4
ISBN 978-7-121-36098-5

Ⅰ. ①高… Ⅱ. ①付… Ⅲ. ①企业管理—人力资源管理 Ⅳ. ①F272.92
中国版本图书馆CIP数据核字（2019）第039862号

策划编辑：陈思淇
责任编辑：郑志宁　文字编辑：陈思淇
印　　刷：北京七彩京通数码快印有限公司
装　　订：北京七彩京通数码快印有限公司
出版发行：电子工业出版社
　　　　　北京市海淀区万寿路173信箱　　邮编：100036
开　　本：720×1000　1/16　印张：16.5　字数：300千字
版　　次：2019 年 4 月第1版
印　　次：2020 年 12 月第 4 次印刷
定　　价：59.00元

凡所购买电子工业出版社图书有缺损问题，请向购买书店调换。若书店售缺，请与本社发行部联系，联系及邮购电话：（010）88254888，88258888。
质量投诉请发邮件至zlts@phei.com.cn，盗版侵权举报请发邮件至dbqq@phei.com.cn。
本书咨询联系方式：（010）88254210，influence@phei.com.cn，微信号：yingxianglibook。

推荐序

现代管理学之父彼得·德鲁克认为，组织的目的是使平凡的人做出不平凡的事，考察一个组织是否优秀，核心要看其能否使平常人取得更好的绩效，能否使组织中成员的长处都得以发挥，并利用每个人的长处来帮助其他人取得绩效。

在万物互联时代，随着互联网技术的深入，价值体系与社会观念更加多元化，个体价值释放与个体成就的需求已经成为共识。无论在何种组织形态下，打造高效能团队，是每一位管理者最大的愿望，也是企业经营者与管理者面对的重要挑战之一。

《高手用人：高效能团队解决员工问题的核心技巧》一书，通过100余个管理实例，深入至管理理念，浅出为管理动作，结构化地剖析和解释了企业管理中如何有效管理员工离职、留住核心人员、助力员工快速成长，最终打造高效能团队。借由作者付国先生自己的形容，这是一本人才管理“浅规则”的书。

本书具有以下三个鲜明特点：

一、管理理念结合管理实践

管理是一门科学，也是一门艺术，作为一门实践学科，没有实践的管理其实是纸上谈兵。此书不仅对管理理论有清晰、简明的论述，同时也分享了许多切实可行的管理方法与管理工具，正所谓“言之有物”。

二、内容丰富，旁征博引

本书涉及心理学、社会学、管理学等多门学科，案例丰富、内容翔实，尤其在员工离职管理及创新能力管理等方面，均有多元化的视角与观点。无论对新经理人还是具备丰富管理经验的管理者，都会带来启发与触动。

三、结构严谨，思路清晰

全书以打造高效能团队为核心主题，从管理者认知，到员工甄选、离职管理，留任核心员工，再到打造高效能团队，条理清晰地呈现了成熟的管理思路和领导能力。

在多年管理实践中，我与团队管理者的工作重心就是构建企业文化与愿景，我们尽力为员工提供开放的平台，共同打造高效能团队，实现共同的企业目标。相信此书，会帮助大家在管理之途中，多一些愉悦，少几分困扰；多一份勇气，少些许纠结。

吴飞舟

北京思特奇信息技术股份有限公司　董事长

2019年3月12日于北京

北京大学国家发展研究院陈春花教授认为，管理的真谛在于最大限度地激发人的善意，人是需要被理解和尊重的，激活个体将是摆在每一位管理者面前的重要课题和企业成功的制胜法宝。

随着人工智能时代的到来，人的双手被极大地解放，同时也给人们带来了前所未有的恐慌。牛津大学近期研究显示，全球发达国家有47%的工作将在25年内消失。未来，通过集体的智慧和决策来处理商业难题，将成为不可逆转的趋势。员工作为组织中的细胞，其对组织的影响力、贡献力和破坏力也被极大地放大，迫使我们对商业模式、组织变革，尤其是人员管理手段有了新的定位与思考。

《高手用人：高效能团队解决员工问题的核心技巧》一书在这种思考下应运而生，以时代变迁为背景，以鲜活的案例为依托，生动地阐述了人力资源管理实践中面临的问题与挑战，给我们呈现出一个又一个真实的管理场景。付国先生通过自己深厚的人力资源管理功底和多年的管理实战经验，层层剖析，视角独特，是一本难得的人力资源管理“枕边书”。

李茹

原法国燃气集团　人力资源执行副总裁

2019年3月8日于北京

前言

企业是一个有机体，高明的管理者，不仅会网罗人才，还能合理地安排人才的去留，更有将某些“庸才”变成得力干将的神奇能力。

美国苹果公司的联合创办人史蒂夫·乔布斯就是网罗人才的高手。他说：“我过去常常认为，一位出色的人才相当于两名平庸的员工，现在我认为，相当于50名。”这就是著名的“乔布斯法则”。苹果改变了世界，而乔布斯法则改变了西方管理界的用人方式。

一流员工的生产力、创造力是惊人的，但并不是每位管理者都能做到知人善用、人尽其才，都能充分挖掘和利用这些员工的潜能。它不仅考验管理者的管理技巧，更考验管理者的领导艺术。而乔布斯成功地做到了这些。

我曾留意十几年来苹果管理团队的人员组成，发现有些人一直待在这儿，有些人离开了，但每个位置上都会保留一名核心员工。乔布斯就职于苹果的几年里，一直在网罗顶尖人才，并建立他心中的“A级小组”，这个小组里的人全是由世界顶尖的设计师、程序员和管理人员组成的。

当然，并不是所有管理者都能像乔布斯那样建立A级小组，我们大多数公司的组织架构都类似于阿里巴巴的“271”架构，即在公司中，有20%是优秀员工，有70%是良好员工，有10%是能力低下的、需要被淘汰的员工。

“如果你有智慧，请你拿出来；如果你缺少智慧，请你流汗；如果你既缺少智慧，又不愿意流汗，请你离开！”在这个充满变数的时代里，蒙牛集团的这个用人观高度概括了企业人力资源管理的精华，那就是，有技术就出技术，有力气就出力气，如果没有技术也没有力气，对不起，我们的企业不需要这样的闲人。

那么，对于企业与团队中客观存在的能力较差的员工，高明的管理者应该采取什么样的办法呢？是将其留下来培养改造，还是直接开除呢？

首先，我要说的是，对这些平庸者听之任之是最糟糕的做法，当这些平庸者凭借学历和工作年限成为公司的领导后，就会霸占公司更多的资源。当他们升到自己不能胜任的职位时，就会造成更多的资源浪费。

简单粗暴地开除这些员工是解决问题的一个方式，但治标不治本。要知道，企业中的每一个位置都需要一个合适的人。管理者要想有效发挥人才的价值，就要把合适的人放在合适的位置上，这是人才管理的至高境界，是人尽其才的内在要求。因此，一个富有经验的管理者所采取的应对方法是：先找出这些员工能力上不去的真正原因，然后从源头入手，找到解决问题的根本办法。

管理者对公司的平庸者应该多给予一些机会，或将其调动到适合他们的岗位，实现“能岗匹配”；或加以技能培训和思想教育；或采取有效的激励手段，不断挖掘他们的个人潜能。只有在万不得已、无计可施时，管理者才会以辞退的手段解决团队的员工问题。

在团队建设中，管理者应时刻提醒自己：“庸才”只是放错了地方的人才！

目录

第一章
Chapter One

做敢于直面残酷现实的管理者

02 第二章
Chapter Two

将合适的人请上车，不合适的人请下车

03 第三章
Chapter Three

离职如分手，体面是一种格局

第四章
Chapter Four

留人更要留心，如何安抚在职员工

第五章
Chapter Five

6个高招，迅速把“庸才”变将才

06 第六章 Chapter Six

打造最强团队，方能栽培干将

如何应对企业用人危机?

确定未来发展计划

正视企业经营现状

把握人才的硬条件和软素质

……

第一章 做敢于直面残酷现实的管理者

历史不断重现：全球经济危机以极快的速度侵蚀着经济领域的每个角落，一些处于生死关头的企业往往都会选择大刀阔斧地裁员。这种断尾求生的方法如同企业发展过程中的一场“大地震”。在积重难返的危机面前，如何兼顾员工个人发展和企业未来发展，已经成为管理者急需解决的问题。

硬条件与软素质的人才资源分配方法

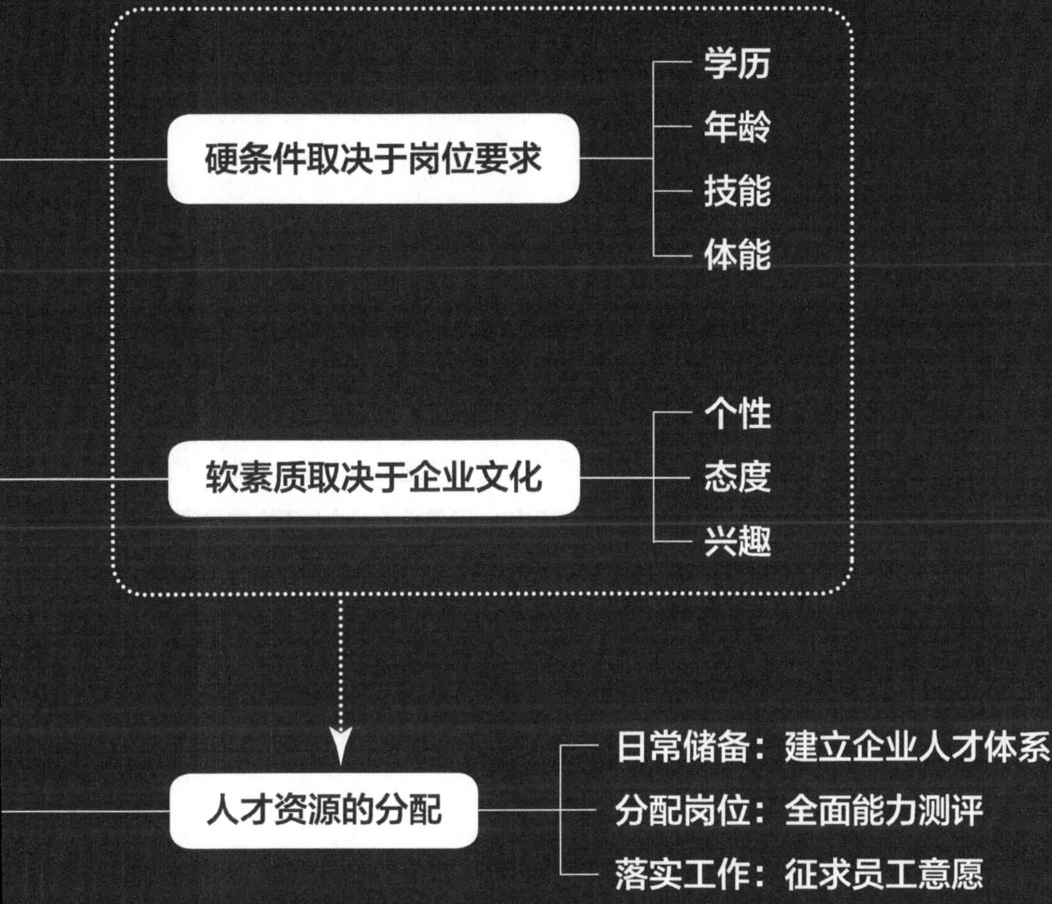
硬条件取决于岗位要求
学历
年龄
技能
体能
软素质取决于企业文化
个性
态度
兴趣
人才资源的分配
日常储备：建立企业人才体系
分配岗位：全面能力测评
落实工作：征求员工意愿

1.1 用人是“硬条件”与“软素质”的资源分配

在我们即将进行人员调整之前，不妨先思考一下为什么自己的企业会出现“不合适”的员工，是员工本身的问题，还是人力资源的管理分配上出了错？

有人说过，这世上没有无用之才，“庸才”只是放错了地方的人才。用非其才，是人才的最大悲哀；用尽其才，是人才的合理配置；用其所长，才是用人的最高境界。我非常欣赏这句话，也希望企业的管理者能体会到这句话的真正含义。

有一段时间，很多做人力资源的朋友找到我，他们抱怨自己在选人用人上总是受到上级领导的批评。我了解情况后告诉他们，原因就在于人才被放错了地方，这让在他们看来是“人才”的员工，却成了领导眼中的“庸才”，这是人力资源管理上的错位。

有一家企业招聘行政总监，企业老板的朋友推荐来一位“优秀人才”，面试时他说得头头是道、滔滔不绝。老板非常高兴，觉得这是个当领导的可塑之才，当场决定录用。可是他入职后不久，老总就发现这个人的行政能力一般，与其让他做行政，倒不如去做业务。调整岗位后，该员工果然如鱼得水，业绩超过很多老员工。

像案例这样，草率地将销售人才放在行政岗位，必然会导致人不尽其才的问题。老话说得好：“骏马能历险，耕田不如牛；坚车能载重，渡河不如舟。”一个销售天才不一定能成为好领导，一个大学教授不一定能种好庄稼，一个运动健将不一定能做好一顿可口的早餐……道理都是相通的。其实每个人都有用武之地，只是我们一定要将其放到最合适的位置上。

人尽其才是团队管理的最高境界，如果每个人都能找到适合自己的位置，积极性都得到充分的发挥，那么团队的整体绩效将会得到充分提高。大家都看过《西游记》，唐僧师徒就是一个非常巧妙的组合，每个人都在自己的位置上做好了本职工作，强强联合才取得了真经。其中，唐僧的目标专一，能够把握方向，适合当领导；孙悟空武功高强，精明能干，负责一路的安保工作；猪八戒虽然好吃懒做，但他会做泼冷水的事情，可以让人冷静行事；而沙和尚勤劳无语，忠实本分，负责一路的后勤工作。这几个人的性格各有优劣，经过巧妙组合，充分发挥了各自的最大价值，是团队合作的典范。

在现代企业中，华为是在人才使用上做得比较好的一家。当时我在华为观察时发现，他们在用人过程中一直秉承着“最合适的才是最好的”原则，将具体的、可衡量的标准化要求，作为管理人员面试、考查、筛选、录用员工的标杆。

那么，什么样的人才合乎华为的用人标准呢？他们在考查员工时用到如下两个标准：

第一个标准是“硬条件”：华为的具体岗位需要什么样的人？这是由岗位要求决定的。华为人力资源部门会通过职务，明确分析出该岗位的人需要具备的学历、年龄、技能、体能等。

第二个标准是“软素质”：华为目前需要什么样的人？这是由企业文化所决定的。在选拔人才时，要符合企业目前的发展重心。比如，是强调个性突出，还是重视团队合作？是需要具有开拓精神的闯将，还是需要中规中矩的忠臣？当考虑这些问题时，一般都会从应聘者的个性、态度、兴趣等方面加以考查。

合格人才	硬条件	软素质
决定因素	取决于岗位要求	取决于企业文化
考量内容	学历、年龄、技能、体能等	个性、态度、兴趣等

正是掌握了这两个标准，华为在招聘人员时，才能做到心中有数、得心应手。

否则，仅凭无法量化的招聘思路，根本没有办法从这么多的应聘者中挑出华为真正需要的人。

把人才放到合适的地方，说起来容易，但做起来并没有我们想得那么简单。在全局把控中，一个优秀的管理者，一定要有章法、有见地、有魄力地动态考量员工的“硬条件”和“软素质”，做到如下三点：

日常储备的时候	分配岗位的时候	落实工作的时候
建立企业人才体系	对员工进行全面能力测评	让员工做他喜爱的工作

1. 建立企业人才体系

企业不仅应该前瞻性地建立好人才体系，还应该将这种体系上升到企业战略的高度加以重视。在这方面，大企业通常做得比较完备，但一些中小企业还存在认识不足、重视不够的情况。有的企业在需要人才的时候，总是习惯于迅速招聘新人，而在不需要的时候，就直接把人辞退。这些做法不利于企业长期发展。企业要良性稳健地发展，就必须建立一个人才体系，这是人才管理的基础。

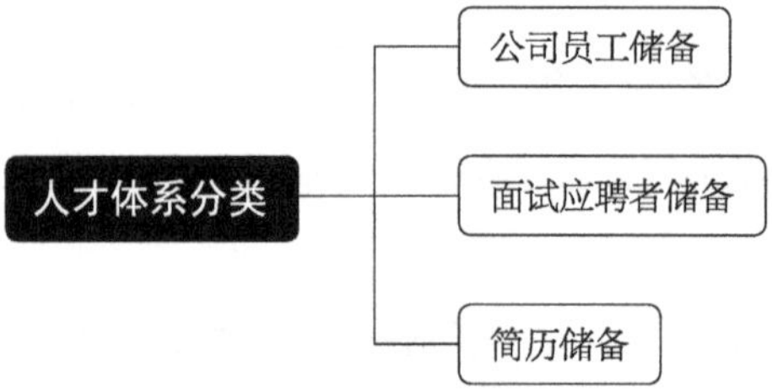

2. 对员工进行全面能力测评

管理者想要知道员工的真正实力，确定他们的能力与岗位要求是否匹配，必须依靠客观、全面的能力测评。谷歌首席人才官拉斯洛·博克在《重新定义团队：谷歌如何工作》一书中提道：“我曾经辞退过手下一名员工，他在离职时对我说：‘我永远也做不来你的工作。’我说：‘你可以，只不过要在另外一个需求不同的地方。’三年后他与我电话联系，告知我：他升任一家世界500强企业的首席人力资源官，事业蒸蒸日上。他觉得尽管那里的工作节奏比谷歌稍慢一些，但恰好适合他有条不紊、缜密的行事风格，这也是他成为首席执行官十分信任的合作伙伴的原因之一。”

3. 让员工做他喜爱的工作

兴趣是我们做事的最大动力，有些管理者却喜欢使用行政手段去强制员工做他不喜欢做的事情，就算认识到自己的管理方法已经严重违背了员工的内心意愿，也仍然不肯“心软”。心理学家告诉我们：当我们极不情愿地做某种工作时，逆反心理和对立情绪会愈演愈烈，我们很难在这种心理环境中集中注意力去完成工作。因此在分配工作时，管理者既要考虑员工的实际能力与岗位是否匹配，也应尊重他本人的意愿，将主观能动性考虑进去，让员工可以愉快地从事自己擅长的事情。

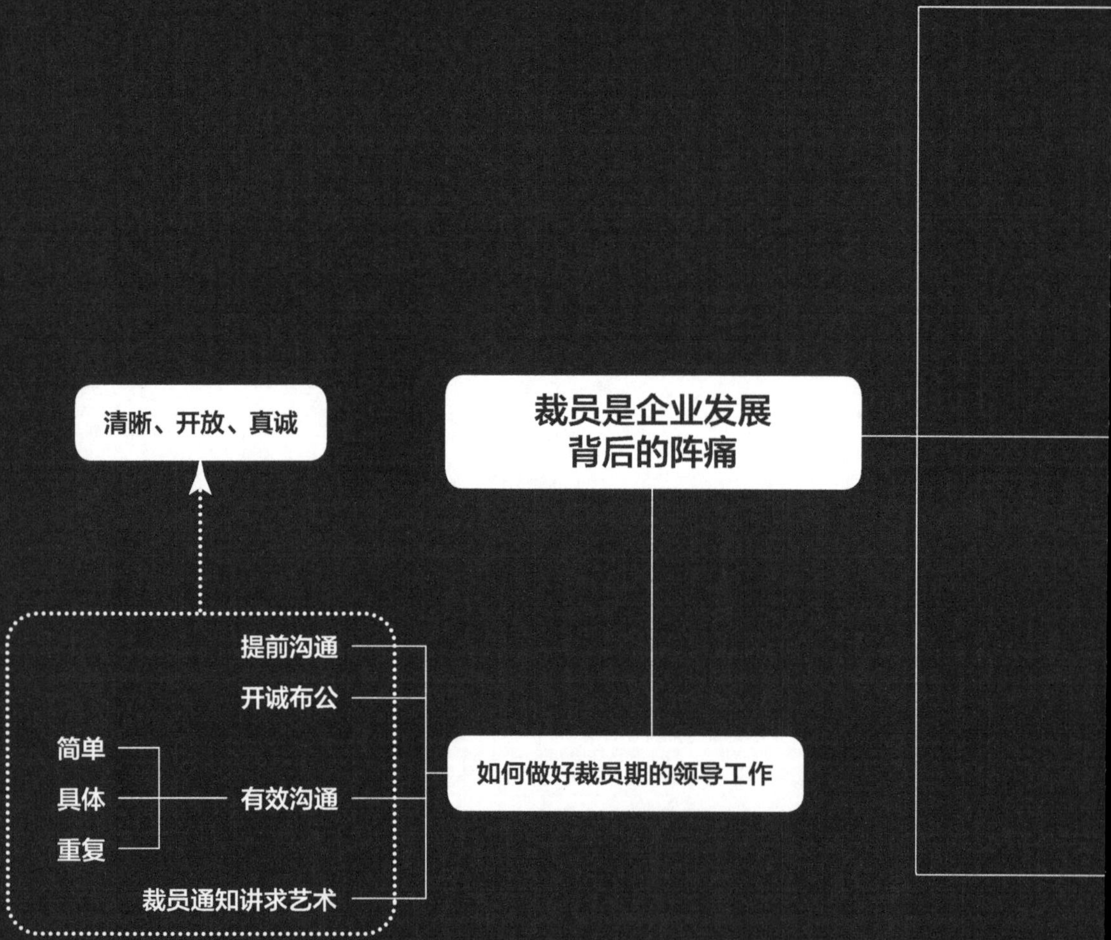
裁员是企业发展背后的阵痛
如何做好裁员期的领导工作
提前沟通
开诚布公
有效沟通
简单
具体
重复
裁员通知讲求艺术
清晰、开放、真诚

- 《中华人民共和国劳动合同法》规定的裁员条件
  - 依照企业破产法规定进行重整
  - 生产经营发生严重困难
  - 企业转产、重大技术革新或者经营方式调整，经变更劳动合同后，仍需裁减人员
  - 其他因劳动合同订立时所依据的客观经济情况发生重大变化，致使劳动合同无法履行

- 裁员管理是企业人力资源管理重要组成部分
  - 配合企业变革
  - 提高人均效率
  - 完善人力资源淘汰机制
    - 剥离非关键业务
    - 以核心业务为中轴
      - 增加核心实力
      - 制订人才长期激励计划
      - 打造核心业务团队

- 绩效考核是裁员的重要依据
  - 考虑员工的工作稳定性
  - 考虑绩效目标和行动方案的执行力度

1.2 裁员是企业发展背后的阵痛

在什么情况下才能进行裁员?

人在江湖，身不由己。对于管理者来说，裁员是一件令所有人都不愉快的事。然而在特殊时期，为了维持公司的发展和生存，越来越多的企业管理者不得不面对裁员这个现实问题。

进行裁员之前，管理者往往会面对多种选择，有时候，降薪是一些管理者的第一选择。比如，这段时间公司的经营状况不佳、财务紧张，为了避免裁员，既能省去管理者的筛选工作，又能保住员工的工作，管理者决定给每个员工减薪20% ~ 30%。这个看似公平合理的决定，结果会怎样呢?

搜狐公司副总裁张雪梅讲述了一个真实的故事：有段时间，一位与她私交甚好的朋友——一家大型网站的人力资源总监找她诉苦说：“我们公司现在遇到了一些困难，但是我们并不打算裁员，所以就给所有员工集体降薪到原薪的80%。然而这个决定下达后没多久，公司里很多优秀员工纷纷辞职，加剧了公司的困境。”

张雪梅从员工的角度帮她做了分析：“如果我是你们公司的员工，我肯定觉得，公司给我降薪是对我能力的不认可，觉得我的付出不值得原来的薪水，但我出去之后，就算随便找一个工作，收入也不会低于原来的薪酬，所以才会导致人才的流失。公司里的中流砥柱一走，自然军心不稳、士气下降。如果让我在降薪与裁员之间做出选择，裁员才是最好的办法。”

大规模裁员是经济下行环境下的一种极端现象。2017年，国外的IBM、微软、思科、雅虎、西门子，以及国内的联想、华为等老牌企业先后公布财报，由于一些部门的利润下滑严重，他们开始大规模裁员，以精简机构，保存生存实力。

我们来看一下这些公司的裁员情况。

IBM：在IBM，裁员已经是员工们习以为常的事情。2017年4月，IBM的员工在Facebook上发文称，员工报告出示了新一轮的裁员方案。文中写道：今天早上，我接到了经理的电话，被告知，虽然我已经在IBM待了29年9个月的时间，但是仍将在30天内被裁掉……

微软：2017年7月，CNBC报道一条消息，微软公司准备大规模裁员3000人。这次裁员的目的是更好地与亚马逊竞争，所以不得不做出重组销售部门、聚焦云计算业务的改变。

思科：思科是全球领先的网络解决方案供应商。2017年5月，思科宣布计划裁员1100人，同年9月，思科再次追加裁员人数，裁掉了总部的310人。

雅虎：2017年6月，雅虎公司宣布裁员2100人，这个比例几乎占据了员工总数的15%。因为雅虎和AOL（美国在线）之间存在业务重叠，所以需要借助裁员来加以调整。

西门子：2017年11月，西门子宣布全球公司裁员6900人，涉及电力和天然气部门、传动部门、发电服务部门和制造业部门。这次裁员是出于应对能源和大宗商品行业变化的考虑。

联想：为了进一步精简机构，联想在全球范围内也进行了裁员，主要是针对移动业务方面的冗余员工。

在人们的观念中，裁员往往是在企业效益下降、面临危机时的被动应对方式。事实也往往如此，根据《中华人民共和国劳动合同法》（以下简称《劳动合同法》）的相关规定，用人单位在下列情况下才能进行裁员：

- 依照企业破产法规定进行重整的；
- 生产经营发生严重困难的；
- 企业转产、重大技术革新或者经营方式调整，经变更劳动合同后，仍需裁减人员的；
- 其他因劳动合同订立时所依据的客观经济情况发生重大变化，致使劳动合同无法履行的。

在评论上面这几家大公司的裁员举措时，很多人都认为是这些公司遇到经营危机，不得已实行裁员。这确实是其中一部分原因，但并不是全部。我们必须从另一个角度看到：裁员及裁员管理是企业人力资源管理的重要组成部分，是企业正常的人力资源管理行为。具体来说，合理裁员具有以下好处：

1. 裁员可以配合企业的变革

市场本身是不断发展和变化的，企业的变革也是一种常态。作为企业变革的重要组成部分，经营战略的转型、组织结构的变革和生产流程的重组，都是必需和必要的。通过裁员调整人力资源结构，企业便可以在这种变化中寻求更大的发展。

2. 裁员可以提高人均效率

人均效率低下是目前国内企业需要面对的一个基本问题。如何提高人均效率？最直接的方法就是让企业从资源消耗型转变成资源集约型。裁员是完成这种转变的必经途径。

3. 裁员可以完善人力资源淘汰机制

裁员，不仅是企业人力资源退出机制的重要组成部分，也是企业竞争淘汰机制的内在要求。经过裁员，员工能够切实地感受到淘汰机制下的竞争压力，内在动力也因此得以激发，整个组织的工作效率也会大幅度提升。裁员既是一种特殊的“请不合适的人离开”的方式，也是一种企业优化组合方式，是出于行业重新洗牌的需要。

经济寒流其实并不可怕，在危机面前，最忌讳的就是有病乱投医，不加思考地胡乱裁员、一刀切，那样只会让“病”越治越严重。企业进行裁员就像瘦身减肥一样，不是该裁掉身体哪个部位的问题，而是要讲求瘦身之道，胖的地方要减掉一部分，瘦的部分也要增加一部分。换言之，裁员是为了增效，不考虑增效的减员对于企业来说无疑是雪上加霜。

所以，在企业危急时刻，管理者的当务之急不应是降薪裁员，而是要集中精力做好彻底的战略梳理。一方面，管理者需要保持冷静，重新审视自身的商业模式，像减掉多余的肥肉一样，剥离非关键业务，并且以核心业务单元为中轴，增加欠缺的肌肉；另一方面，管理者需要着手启动核心人才的长期激励计划，逐步构建起能够支撑核心业务的精英团队，保证企业的中流砥柱能够在任何时候都发挥作用。

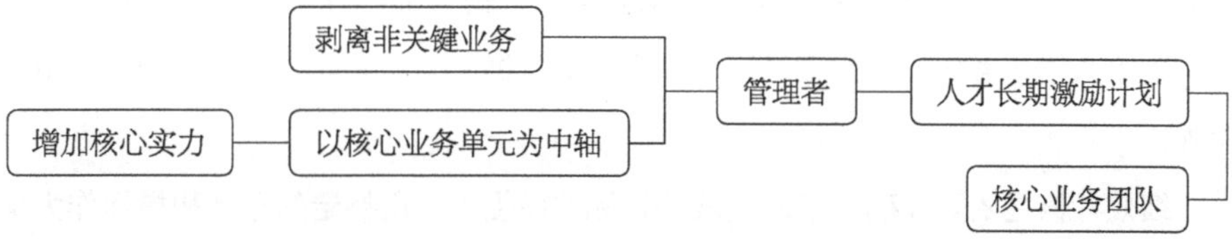

绩效考核是人才管理的重要依据

要不要进行裁员？依据什么来裁员？这些都要做到有据可依，不是老板的一句话就能决定的，也不是部门主管的个人喜好能决定的。

在某公司部门年度企业关键绩效指标考核中，销售部没有达标。按照公司规定，没有达到预期指标的部门，要么降薪，要么裁员。销售部经理很为难：降低工资，手下肯定不愿意——“部门没有达到指标，又不是因为我个人没有完成工作任务”。假如只凭年度企业关键绩效指标考核结果就决定裁员，这样盲目草率地做决定，也会让员工心里不服气。

但迫于公司压力，销售经理最终还是选择了裁员。他经过仔细审查，裁掉了部门里的6个人，并承诺多发几个月的经济补偿金。裁掉的原因只是部门岗位调整，或者是工作量不够。事实上，工作量的大小是主管的安排问题，与员工的关系不大。岗位调整也应该按照优胜劣汰的原则来进行。由于理由不充分，这6个人心里不服气，最后投诉到集团高层领导那里。这件事在整个集团搞得沸沸扬扬，销售经理也是焦头烂额……

我们知道，每到一个财政年度结束，企业裁员都是非常敏感的话题，也是企业管理过程中的难题。其实裁员没有那么难，只要我们做好个人绩效考核，裁员就会变得有理有据了，因为绩效考核也是裁员的重要法律依据。

很多人认为，部门的月度或季度绩效考核只是一个形式，平时都不在意，觉得只要工作称职就万事大吉。比如说像案例中的销售部经理那样，没有制订部门内部的个人绩效考核，导致裁员缺乏最重要的依据，又怎么能让被裁掉的人心服口服呢?

绩效考核是团队在确立了既定战略目标的前提下，用特定的标准和指标作为衡量手段，对员工以往的工作行为、工作业绩进行综合评估，再依据评估结果，对员工以后的工作行为、工作业绩进行正面干预。

但是，千万不要只将绩效考核结果做职级升降、奖惩的依据之用，绩效考核的结果更应该在绩效改进方面发挥作用。借助绩效评估和诊断，管理者很容易找到一直以来影响绩效的根本性问题，并据此制订出相应的改进措施。在这个过程中，绩效沟通辅导和绩效激励等行为也具有重要意义，不仅可以让员工的工作主动性和执行能力得以提高，还可以让管理者的系统思考能力和执行能力得到提高，如此一来，便可以上下一心地促进企业整体绩效的提高。

因此，管理者不能在绩效考核上敷衍塞责、偷工减料，这容易给后期工作带来一些不必要的麻烦。

月度或季度的绩效考核程序其实并不复杂，关键是要制订一个大家都认可的部门绩效考核标准。这样才能使管理者在考核中对待不同问题时，给出合情合理的解释。

在运用绩效考核结果预测员工的未来绩效表现时，以下两点需要着重考虑：

1. 考虑员工的工作稳定性

在某些偶然因素的影响下，某个特定时期的考核分值很可能时高时低，员工的工作状态不稳定，也会导致这一结果。所以如果条件允许，管理者最好能参考多年或多期的绩效评估结果，加以综合比对，这样才能使最终评估结果更接近客观真实情况。

2. 考虑绩效目标和行动方案的执行力度

无论管理者在设计绩效管理体系时如何科学严谨，不同的部门和岗位之间，因为绩效目标和行动方案的定位不同、执行力度的差别，最终结果都会或多或少地存在差异。因此，若仅凭借考核的最终分值去区分谁绩效高、谁绩效低，都是片面的。

什么样的员工是高绩效的员工？他需要在日常工作中做到以下几点（管理者可以从考核期间的定期绩效面谈记录中获取相关信息）：

- 员工是否可以在业绩目标确定的情况下，及时提出合理的行动方案。
- 员工是否能够严格执行行动方案，并在执行期间与上级充分沟通。
- 若行动方案需要调整，员工是否可以与上级开展新一轮的计划、执行、审查的良性循环。

综上所述，管理者在评估员工是否为高绩效员工时，更应该关注该员工在工作过程中的动态表现，也就是对计划的执行力度和及时纠正偏差的反应速度。

裁员期如何做才是好老板?

无论是在经济高涨的时期还是经济低迷的时期，要当个好老板都不是一件容易的事。

为什么想要当个好老板很难？这是因为老板和员工之间始终都是一种权力不平等的关系。一方面，老板们身居高位，做出的决定往往出于主观意愿，而忽视了员工的感受和想法；另一方面，被“统治”着的员工时时处于命运被掌握在别人手中的危机感中，他们常常会不自觉地紧盯着老板的一举一动，试图尽早发现一些会决定他们未来命运的端倪。在经济危机发生的时候，这种关系、这种相互作用会进一步激化，并凸显出很多矛盾。

再加上裁员过程本身就是一次对于上下级关系的考验，如果处理不当，引发了舆论危机，则反而会让企业迎来一场更大的灾难。因此，我们在传递裁员等负面信息的过程中，必须取得员工的谅解和获取向心力。

那么，作为管理者该如何进行沟通、避免矛盾出现、在裁员期做一个体恤员工的好老板呢?

1. 通过沟通，为员工提供可预见性

对成熟的企业而言，裁员难免发生。当公司发生裁员时，管理者应尽可能地告诉员工，公司将会发生什么，以及什么时候会发生，让员工做好充分的心理准备，以减少可能带来的打击。当没有接到裁员警告之前，员工也能根据这些信息对未来职业规划进行自我预测，并且保持情绪稳定和工作热情。

2. 开放、坦诚地进行沟通

在以往的认识中，让员工知道太多公司的负面信息，对公司发展有害无益，所以为了安全起见，有些消息必须进行内部封锁。

然而，不管是为了稳定军心而特意在裁员之前盲目吹捧公司业绩有多好，还是为了让员工甘心接受裁员而故意夸大公司所面临的困难，都是自欺欺人的行为。早晚有一天，员工会发现自己受到了蒙蔽，一旦管理者变成了信口雌黄、言而无信的人，那么想要再次换回曾经被欺骗过的员工的信任，就会变得很难。

而且，在网络四通八达的时代，即使你刻意去粉饰太平，员工们仍会发现公司出了问题。纸包不住火，与其这样，还不如尽早让大家知道真实情况，以便可以共同面对并解决问题。

所以在不得不进行裁员时，比起搞神秘、搞封锁，公司更应该拿出开诚布公的态度，主动与员工、媒体、客户进行信息沟通，并务必保证沟通内容真实可信。

3. 简单、具体、重复地进行沟通

管理者需要将员工关心的“为什么一定要进行裁员、裁员会带来什么影响”等问题详细地加以解释，尽可能地精心设计管理者想要表达的信息，保证管理者的想法能够没有偏差地传递给员工。而且，这种沟通不能是一次性的，只有多次、深入、持续地沟通，才能让员工对公司这些做法的现实意义与正确性有深切体会和认同。简言之，管理者应该遵循“简单、具体、重复”的原则进行裁员沟通。

4. 裁员决定要讲究通知艺术

裁员通知也是要讲究艺术的。如果发生的是大规模裁员，传递信息需要做好时间规划、主要人员安排，传递信息的顺序最好是由内到外、从上层到基层。

比起直接当面通知，管理者可以采用更私密、更含蓄的方法来告诉员工这个坏消息。在很多企业里，管理者习惯用E-mail来向员工传递一些重要信息，在某些情况下，管理者也可以通过E-mail来通知员工本人被辞退的消息。亚马逊在进行裁员通知时，一般会通过现场会议告知当事人，不过总有一些工作人员因为各种原因缺席，所以在进行会议的同时，每一个被辞退员工的邮箱里都会收到公司的裁员信息。

总的来说，如果想让自己不被列入“坏老板”的行列，必须学会以清晰、开放、真诚的态度进行充分沟通，稳定好离职员工的情绪、留职员工的士气，这样公司才可以平稳地度过裁员的危险期，也会给被辞退员工多一些心理安慰。

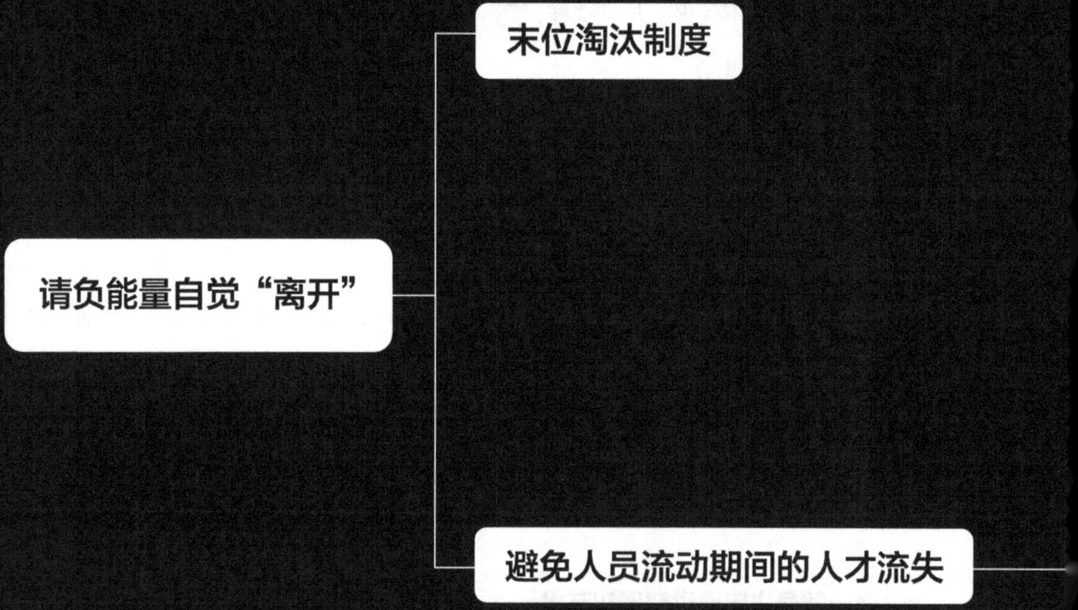
请负能量自觉“离开”
末位淘汰制度
避免人员流动期间的人才流失

- 有的放矢挽留人才
- 调整用人策略
- 建立合理的薪酬及绩效考核制度
- 满足人才内心需求

1.3 负能量，请自觉离开团队

自觉离开，让管理者最舒服

尽管员工流动对公司人力资源的合理配置具有极其重要的作用，但离职带来的人才流失对于公司的运营具有直接的负面影响。

一个员工从企业离开通常有两种方式：一种是主动离职，另一种是被动离职（比如辞退、退休、工伤等）。一般来说，员工的主动离职通常是突然发生的，甚至是不理智的，往往不利于企业的经营发展。一位优秀员工的跳槽离开，不仅影响在职员工的心情，也会造成人力资本投资的巨大损失，所以员工主动离职成为令管理者头痛的问题。

但有一种主动离职却是具有积极意义的。当我们提到辞退员工时，下意识会觉得它属于被动离职的范畴。实际上，被动离职又可以分为劝其主动离职和被动让其离职。对于具有成熟的人力管理经验和系统的企业而言，在他们确定某个员工的确不是企业所需要的人才时，往往不会采取直接开除的方法，与其让他被动离开，倒不如帮助员工了解自身问题，抑或找到提升方法，抑或去企业外部找到更合适的位置。这是一种双赢的解决方法——员工既可以体面地离开企业，管理者也可以提升团队实力。而且相对而言，这种离职方式的安全系数最高，那些主动提出辞职的员工多数不会去申请劳动仲裁，基本不会产生法律风险。

如何请负能量主动离开

当员工的情况符合以下两点时，就可以“劝其主动离职”：

- 不合格的员工本身对企业没有依赖感情，早已有离职打算。
- 不合格的员工恰好犯了一些小错误，又不至于严重到需要解除合同。

具体而言，如何让一个不合适的员工主动离开呢？

实行末位淘汰制度

很多企业都会制订业绩考核制度，对于业绩差的员工，尤其是销售部门的员工，我们可以进行末位淘汰制度。末位淘汰制度，再加上严格的惩罚机制，不仅可以激发员工的潜能，还可以淘汰掉那些能力低的员工。很多不合格员工的荣誉感较强，心理上接受不了这种排名方式，为了顾及面子，也会主动辞职。

避免在人员变动期间流失优秀人才

2017年，天津中轩猎头人才管理咨询公司做过一项调查，结果显示：在参与调查的人力资源经理中，有61.5%的人认为自己的工作难点是找不到适合本公司岗位的高端人才，有71.2%的人觉得骨干员工的离职会给人力资源部门的工作带来很多难题和压力。这些数据从一个侧面反映出：留住人才是一件重要且有难度的事情。

作为一家私企的策划总监，程光有着丰富的经验和学识。刚到公司时，程光业绩斐然，深受老板器重。然而，在经历了一波精简机构的裁员期之后，随着业务的增加，程光发现很多工作都得不到适当及时的配合，最后只能凡事亲力亲为。这让他感到很疲惫。

面对这样的处境，程光想要跳槽。老板知道了程光的想法后，极力挽留，并允诺丰厚的待遇。面对老板的盛情和自己的处境，程光很为难，他说："老板挽留人才的这份心意，我很感动，说实话我自己也不想走，可这个公司如果不重新梳理、重新规划，未来的发展空间依然很有限……"

职场中类似程光这样的经历和认知屡见不鲜。对于裁员期之后出现的人才流失现象，我们需要细细反思，及时干预。一个员工要离开公司的原因有很多，管理者一定要先找出原因，才能对症下药，制订适合的挽留方案。

企业内部因素（推力性因素）	员工自身原因（拉力性因素）	企业外部因素（拉力性因素）
• 工作环境不好 • 文化氛围压抑 • 企业薪酬水平低 • 人际关系处理不当 • 工作节奏太快 • 企业前景暗淡 ……	• 个人能力不匹配公司节奏 • 家庭发生变故，需要照顾家庭 • 搬家后离公司远，交通不便 • 希望继续求学，增长技能 • 身体健康状况不佳 ……	• 企业互挖墙脚 • 求职高峰期 ……

企业本身的因素所造成的离职属于推力性因素，当员工感觉这种推力不足时，只好选择离开；员工自身的原因、企业外部的原因造成的离职属于拉力性因素，当员工感到外在压力过强时，就会想从压力中解脱出来，于是便提出离职。

掌握了具体的离职原因之后，管理者需要权衡利弊，确定员工是否值得挽留、又该怎么挽留。

1. 有的放矢地挽留人才

在不影响企业规章制度的前提下，针对为企业做出过突出贡献的人才，管理者可以适当地为他们打开绿色通道，采取升职、加薪等方式予以挽留。

为了坚定员工留下来的决心，企业应该保持激励方式的多样化，实行弹性工作时间、股权激励等措施。

如有必要，请公司的高层领导出面挽留，员工会觉得自己得到了足够的看重和尊重，心存感激，自然就不想走了。

2. 调整用人策略

我有一位朋友是一名销售主管，他的故事可以给大家提供借鉴。

我的朋友在一家IT公司负责终端销售，他从自己以前的代理商那里招来一位销售人员小李，由其负责一线销售。小李原来是做渠道销售的好手，可是几个月过后，小李的业绩却始终不能达标，他不由得萌生了辞职的念头。

我的朋友发现，小李以往的渠道销售经验和现在的终端销售方式完全不搭界。而且小李的性格属于话不多但做事特别认真的人，并且在一对一交流的时候很容易让别人相信他的为人；相反，人多的时候他就不知道该怎么说话了。

于是，为了挽留住这个人才，我的朋友有意识地把小李从销售一线调到客户服务方面的岗位工作。在这个岗位上，小李的表现很突出，再也没有过离职的打算。

有些员工在自己达不到考核标准时，通常会想“是不是我的能力不行，确实不适合这个工作”，于是便有“自知之明”地离职。这时候管理者不应放弃自己慎重选择的人才，应当“用当其时，用当其位，用当其长，用当其愿”，努力把员工放在更合适的位置上，鼓励员工发挥出他的全部能力。

3. 建立合理的薪酬及绩效考核制度

薪酬是所有员工都关注的问题，因此，建立合理的薪酬及绩效考核制度非常重要。

（1）薪酬体系透明化

在公司内部，我们可以提倡薪酬体系透明化。很多管理者特意制订严格的制度防止薪酬信息被透露。但这种禁止有时弊大于利，常见的情况是，公司中的岗位等级与对应薪资的不透明化，会使一些员工在私下讨论中产生疑惑甚至焦虑。为解决这一问题，我建议企业管理者公开薪酬标准，这样反倒可以激发员工之间的竞争意识。

（2）实行奖励制度

在奖金发放方面，奖金的数额不要太吝啬，否则会打击员工的士气；也不要对所有员工都发放奖金，那样做就会使激励失去原有的意义，奖金应该发给那些表现突出和确实需要留住的核心员工。

4. 满足人才的内心需求

想要留住员工的身，就要先留住员工的心。虽然高薪能吸引人，但不一定能留住人。从心理学角度来讲，人们的心理活动是行为的原动力，而心理活动是由需求和欲求激起的。人是需要与行为的整体，有了需要才有行为，有了需要和行为才有创造力。

因此在企业生产活动中，管理者想要实行有效管理，充分地调动员工的积极性和创造性，一定要正确对待和认真研究人的一般需要和特殊需要，这已经不是单纯的薪酬福利和文化氛围上的问题。只有掌握了人的需要，才能有效地引导人的行为。只有了解员工们在想什么、有什么真正需求，并给予最大限度的帮助与满足，管理者才能激发他们的积极性，才能留住人。

当员工的收入和职位不错，老板也非常重视的情况下，一些员工依然会因为无法感受到自己的价值而想要离职。即便是世界最有名的企业，也同样会面临优秀员工离开的情况。以前面案例中的程光为例，他需要新的刺激来体现自身价值，如果管理者要留住这样的优秀员工，唯一的出路就是让他实现自己想要的价值，尊重并依从其内心的真实需要；如果无法体现这种价值，那他只有离开，另寻可以实现自身价值的地方了。

5. 挽留过程中的沟通

人在刚出生时的第一声啼哭是一种沟通，并从此开始了持续不断的沟通。沟通是个体之间相互了解的方式，我们在意识清晰的时候会花费70%的时间与外界进行各种各样的沟通。

沟通有事半功倍的积极沟通，也有事倍功半的消极沟通。在员工提出离职之时，消极沟通不仅无益于解决现时问题，还会导致新问题的产生，比如员工的情绪更加低落、失去工作的动力与信心，并且这种消极情绪很容易在企业内部蔓延开来，让企业氛围变得灰暗压抑。因此，越在这种时候，越是不能逃避，管理者要与员工进行一些富有积极能量的沟通，这里面既包括语言沟通，也包括非语言沟通，它们的作用同样重要。

管理者与员工进行沟通之前，可以先进行一下自我沟通，调整好心态，保持交流氛围的和谐舒适，以便增强沟通的有效性。

在沟通的时候，管理者要时刻谨记沟通的出发点，并将其体现在说话的方式、语气、神态等沟通形式之中。沟通中一定要少做假设，把假设当作事实来反复阐述，会让人觉得华而不实、都是天方夜谭，自然就不会接受沟通的内容。

在一些特定场合中，更适宜做非语言沟通。管理者可以通过由衷地竖起大拇指、轻拍员工肩膀、投以赞许的目光等行为来鼓励和赞扬业绩突出的员工。这些简单而直接的动作，有时候比语言更富有感染力和激励力量。

当原本准备离职的优秀人才得以安抚、打算继续留在公司之后，管理者是否可以松一口气、高枕无忧了呢？当然不能。管理者不要以为事情到此就结束了，其实我们自身也需要反思：为什么核心员工会离开公司？为什么我们没有及时察觉到？企业的备用人才是否能无缝衔接？这些问题都应该仔细想一想。要知道，防患于未然胜于亡羊补牢。如果管理者能够提前察觉出员工的异样，及时解决员工的困难，疏解他们的不满情绪，优秀人才也不至于被“逼”得离开。

但俗话说，“天下没有不散的筵席”，人才总有离开的那一刻，如果最后真的留不住人了，管理者也不能破罐子破摔、撕破脸皮，而应宽容地送上祝福，或许将来还有重聚的时候。

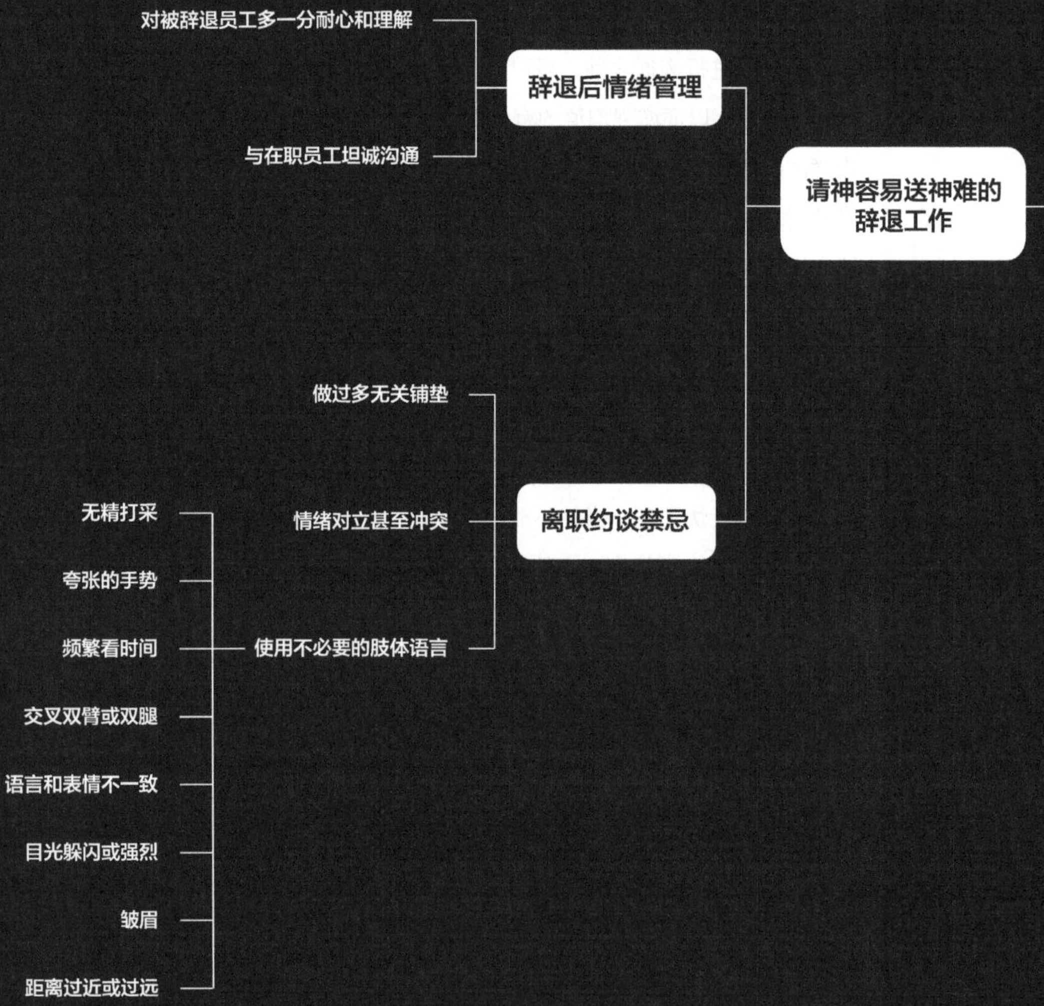

请神容易送神难的辞退工作
辞退后情绪管理
对被辞退员工多一分耐心和理解
与在职员工坦诚沟通
离职约谈禁忌
做过多无关铺垫
情绪对立甚至冲突
使用不必要的肢体语言
无精打采
夸张的手势
频繁看时间
交叉双臂或双腿
语言和表情不一致
目光躲闪或强烈
皱眉
距离过近或过远

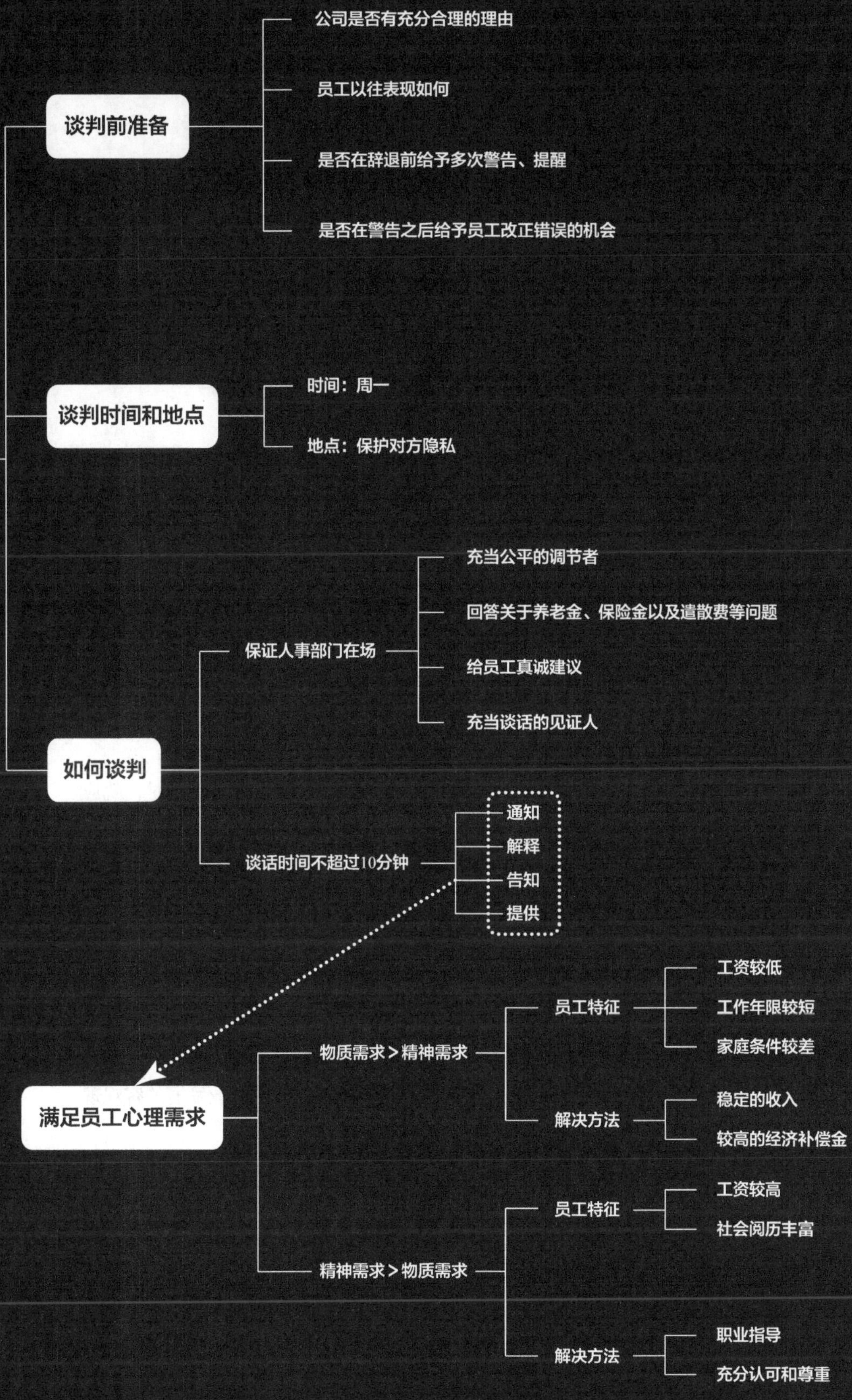
谈判前准备
公司是否有充分合理的理由
员工以往表现如何
是否在辞退前给予多次警告、提醒
是否在警告之后给予员工改正错误的机会
谈判时间和地点
时间：周一
地点：保护对方隐私
如何谈判
保证人事部门在场
充当公平的调节者
回答关于养老金、保险金以及遣散费等问题
给员工真诚建议
充当谈话的见证人
谈话时间不超过10分钟
通知
解释
告知
提供
满足员工心理需求
物质需求>精神需求
员工特征
工资较低
工作年限较短
家庭条件较差
解决方法
稳定的收入
较高的经济补偿金
精神需求>物质需求
员工特征
工资较高
社会阅历丰富
解决方法
职业指导
充分认可和尊重

1.4 请神容易送神难的辞退工作

令人头疼的辞退工作

当管理者判定一名员工的绩效或行为出现了无法弥补或改善的问题时，就应该请他离开了。比如，在某种情况下，当一名员工严重违反了法律或公司政策时，管理者应立即请他离开。抑或管理者已经花费很长时间，试图解决这名员工的绩效或行为问题，而这些努力并没有取得实际效果时，也要请这名员工离开了。

对于管理者来说，一个不合适的员工能主动离开，寻找到适合自己的位置，是两全其美的结果，可是又有多少人愿意主动离开呢？这时，不得已而为之的辞退工作就成了管理者最头疼的事。一边是这些不合适的员工正在制约企业发展的客观现状，一边是多年相处下来的主观情感，实在令人左右为难。

对于这个问题，马云的告诫可谓是一针见血："不合适的员工不换掉，弊大于利。状态不好的员工不空出来，状态好的员工就没办法进来。"管理革命理论大师彼得·德鲁克说："企业的首要责任是活着。"一直以"狼性文化"著称的华为从来不忌讳大刀阔斧的行动。任正非明确地告诉过大家："华为不是家，与员工是雇佣关系。……华为是没有钱的，大家不奋斗就垮了，不可能为不奋斗者支付什么。30多岁年轻力壮，不努力，光想躺在床上数钱，可能吗？”

可见，明智管理者都持有这样的共识：当员工所创造的价值无法匹配员工所拿的薪水时，就必须予以淘汰。要做到这一点，管理者需要审时度势的全局观念，更需要雷厉风行的魄力。管理者要站在他的角度去维系整个公司利益，为了全体员工和公司的发展而工作。反之，如果管理者把公司当成自己的私有财产，必然会有不能轻易辞退企业功臣的心态。可实际上，公司绝不是某一个人的，管理者的一举一动都不能为人情所左右。留下能够适应公司的人担任要职，以发放津贴的方式来妥善对待为公司做过贡献的人，这是理智的，也是明智的。

在真正下定决心辞退员工之前，管理者还需要做好以下几项工作：

1. 针对因违反公司规章制度和劳动纪律被辞退的人

如果因违反公司规章制度和劳动纪律而离职的员工数量较多的话，这是公司员工整体职业素质和职业道德较低的表现，也意味着公司目前缺乏足够的能力来维持组织的正常运转。作为管理者，应及时督促行政部门，要求他们加强规章制度和劳动纪律的检查工作，最好能够选择几个具有榜样力量的模范员工加以宣传，带动公司员工整体素质的提升。

2. 针对因不适应本职工作而被辞退的人

这里面包括几种类型：对企业文化不认同的人、工作技能无法达标的人、无法正确处理人际关系或工作关系的人。想要避免类似情况再次发生，管理者必须加强员工培训工作，力求提高他们的任职资格以及对企业的认同感，把培训重点放在企业文化、岗位技能、人际关系管理、团队建设等方面。与此同时，管理者还需要自行检查企业是否存在工作岗位标准设定过高、工作流程不顺畅等问题，它们往往会导致员工出现不适应本职工作的假象。

3. 针对因公司战略、经营环境恶劣、利润大幅度下滑等被辞退的人

管理者或人力资源部门最好和员工做好当面的沟通工作。在沟通之时，管理者

要将企业现状加以说明，以便员工能够为自己以后的职业道路早做打算，不至于产生被抛弃、被放弃的负面情绪。

“话要怎么说出口”：怎么说才有效

福特汽车公司有这样一句管理名言：“辞退员工并不是简单的事情，如果处理不好，其负面影响会在短时间内呈千万倍扩散。”我想很多老板都有过这样的体验。

某些管理者把辞退员工看作是一件很简单的事情，认为自己大权在握，可以通过一些手段辞退员工，我们暂且不谈《劳动法》与《劳动合同法》中对员工权益的保护，若企业真这样做，那伤害的不仅是被辞退员工的自尊心和他的切身利益，也会影响现有员工的工作主动性、积极性以及对企业的忠诚度。除此之外，辞退者还有可能会对公司提出诉讼，给公司带来的负面影响更大。

我认为管理者在辞退员工时，不能随心所欲，更不可口无遮拦，而是要事先做好充分的准备。这些准备包括：明确要辞退什么样的人、辞退的理由、怎样辞退、在什么时间辞退等。比如在面谈之前，管理者需要审查一下这名员工的基本资料，包括：年龄、受教育程度、加入公司前的履历、工作记录、健康状况、婚姻状况、家庭住址等。

若准备不足，很容易发生一些不愉快，甚至是意想不到的事情。

曾经有一家做单车的公司，领导要辞退几名老员工。由于人力资源经理事先未能做足准备，在辞退时给出的理由不足以服人，同时采取的方式也欠妥当，导致这几名员工难以接受而情绪激动。

当时有一名脾气暴躁的员工，直接就冲到人力资源经理面前要大打出手，幸好被在场的其他员工拉开。最后闹得双方对簿公堂，打起了官司。这一结果影响了公司的正面形象，致使公司很长一段时间都陷入招聘困难的境地，影响了公司的正常运转。

这便是因忽略小事而招致大麻烦的典型案例，无疑是一次失败的辞退工作。

因此，在决定辞退不合适的员工之前，管理者应该认真冷静地思考下面几个问题：

第一个问题：辞退这名员工，公司是否能给出充分合理的理由？

第二个问题：该员工的以往表现如何？功大于过还是过大于功？

第三个问题：在准备辞退之前，是否已经对其犯下的严重错误明确或多次给予过警告、提醒？

第四个问题：是否在警告之后给予该员工改正自身错误的机会？

第五个问题：辞退该员工后，对公司发展和其他员工是否存在重大负面影响？

管理者在考虑清楚以上几个问题之后，就可以获得该员工不适合继续留在公司的合理理由，比如，他的居住地距离公司太远，经常迟到，影响工作；他的受教育程度不符合目前这个职位的要求；他的健康状态难以适应分配给他的工作强度等。那么，下面就要进行一对一的面谈了，这也是整个辞退工作中最具难度的环节。

1. 如何选择合适的时间和地点

有的人力资源专家认为，辞退工作最好安排在星期五下班时完成，这样可以免除对方在办公室内遭受太多异样的眼光。但更多的人力资源专家反对星期五下午辞退员工，因为在周末之前下达辞退通知可能会使员工整个周末都感到焦虑不安，而且还会使他有足够的时间考虑起诉的问题。管理者可以考虑把面谈的时间安排在星期一下午，这样员工有一周的时间寻找新工作，也会降低给其他员工造成的影响。

现在我们对比一下下面两个案例。

案例一

星期五　下午5:15

程女士正准备下班，却收到了经理递来的辞退通知。这个通知来得很突然，程女士的心情立刻跌落谷底。

急于参加早就约好的朋友聚会的她根本没有时间去进行自我调节，只好带着这种强烈的挫败和沮丧感赴约。聚会之时，程女士喋喋不休地向好朋友诉苦，抱怨一切；回家之后，她将这个坏消息告知丈夫，丈夫的情绪也和她一样，立刻开始唉声叹气，不禁为下个月要还的房贷担忧不已；周六周日这两天，心中充满了怒火的程女士一直在想办法与这个无良公司对抗，绝不能坐以待毙、任人宰割。

周一早上，她在第一时间打电话给自己做律师的同学，详细咨询了是否可以起诉暴力辞退她的公司。得到肯定答复之后，她开始着手准备相关材料，一场“战争”就此拉开序幕。

案例二

星期一　上午8:30

刚刚上班的程女士接到了辞退通知。她感觉心情很差，倍受打击。

因为即将被辞退而暂时没有给她安排工作任务，所以她有一整天的空闲时间坐在工位上思考人生、思考工作，反思自己为什么会被辞退。思考得越久越深入，程女士越发觉得自己确实难以胜任目前的岗位要求，自己已经一次又一次地没有完成工作任务，拖了整个部门的后腿，确实也没有继续待下去的必要。

于是她整理好心情，把精力放在了重新找工作上。收到辞退通知后的那几天，她在一些求职网上寻找新工作，并且有了下一步的职业规划，她已经坦然接受了这职业生涯中的措手不及。

通过前后两个案例对比，我们不难发现，同样是辞退，由于选择不同的辞退通知时间，其效果完全不一样。相对于星期五，星期一是更合理的时间。

至于地点，我们可以找个能够保护对方隐私的地方。比如，在主管办公室关起门来谈，这样一方面能够维护被辞退者的尊严；另一方面，假如其他员工无意看到或听到所发生的事情，他们内心会产生一种“受因心态”。也就是说，公司内部有员工被辞退时，在其他员工间会产生一种很正常的反应——他们担心自己会成为下一个被辞退者，因此更加重视自己的工作。

2. 如何谈论辞退话题

为了能够高效地处理员工的辞退问题，管理者最好不要一个人面对被辞退者，应保证有一位人事部门的同事在场。这名同事可以：

- 充当一个公平的调节者，万一你或者这个员工在面谈过程中出现情绪或行为上的冲动，总需要有个人来调节紧张的气氛，避免不必要的冲突。
- 回答关于养老金、保险金以及遣散费等这些无法回避的问题。
- 给这个员工一些真诚的建议。比如，怎样把被辞退的消息告诉家人。
- 充当整个谈话的见证人，避免事后单方对某些内容予以否认。

我们可以先营造出轻松的气氛，建立彼此互信的关系，比如给被辞退者倒杯茶水。

在谈话过程中，管理者要尽快把面谈内容搞定。表达要简明扼要，坚决果断，不拖泥带水，这样可以避免公司承担更多的责任。谈话的时间最好控制在5分钟左右，最多不要超过10分钟。同时，应倾听员工所抱怨的人或事，适当提出问题，将面谈重点内容记录下来，便于之后的分析整理工作。

在辞退面谈时，管理者必须完成以下四件事：

- 通知：明确说明员工被辞退是板上钉钉的事情。同时，要注意安抚员工可能会出现的激烈情绪。
- 解释：说明被辞退的具体原因，并回答质疑。
- 告知：公司会做出的与其有关的下一步计划。比如，结合劳动法律法规和企业规章制度，对工资、福利、经济补偿等方案进行说明。
- 提供：一份接下来该如何完成工作交接和办理离职手续的离职流程图。

著名心理学家马斯洛将人的需要分为五个层次，即生理需要、安全需要、社交需要、尊重需要、自我实现需要。据此，被辞退员工的需求可以分为物质需求和精神需求。谈话时一定要重视被辞退员工的需要，突出重点，同时要采用圆滑和体谅的表达方式。

	物质需求>精神需求	精神需求>物质需求
员工特征	工资较低 工作年限较短 家庭条件较差	工资较高 社会阅历丰富
解决方法	稳定的收入 较高的经济补偿金	职业指导 充分地被认可、接受和尊重

有一位会计师马歇尔·格兰格曾就开除员工发表过自己的见解，他认为开除员工并没有趣，被开除更是没有趣。但会计的工作是季节性的。因此，到了三月，他必须辞退一部分员工。

在辞退流程中，他曾开门见山地说："请坐，史密斯先生，这一季已经过去了，我们似乎再也没有更多的工作交给你处理。当然，毕竟你也明白，你只是受雇在最忙的季节里帮忙而已。"

这些话给被辞退者带来失望以及"被遗弃"的感觉。他们大多数人一辈子都在从事会计工作，对于这么快就抛弃他们的公司，自然不会持有体谅的情绪。

因此，歇尔·格兰格调整了自己的说话方式，决定以稍微圆滑和温情的方式来遣散公司的多余人员。他在仔细考虑每人的工作表现之后，逐一与他们沟通。他是这样对他们说的："史密斯先生，你的工作表现很棒。那次我们派你到纽华克去执行一项很艰苦的任务。你遇到了不少困难，但处理得当，我们希望你知道，公司以你为荣。你是这个岗位的行家里手……不管你到哪里工作，都会有很光明远大的前途。公司对你信心百倍并且大力支持，我们希望你不要忘记！"

这样沟通的结果如何呢？被辞退者对自己被辞退这件事的感觉好多了，没有觉得"被遗弃"。他们知道，如果公司有适合他们的工作，就会把他们留下来。而当公司又一次需要他们时，他们会以深厚的私人感情投效公司。

这样的谈话既突出了重点，又能让被辞退者感受到被尊重，他会很乐意接受被辞退的结果。管理者还可以根据员工的实际情况，给出工作上的真诚建议，比如他适合什么行业、什么岗位、在哪些地方更容易做出成绩来。为了表示友好、尊重和平等，管理者可以征询一下员工对公司和工作岗位的意见或建议，加以记录并表示感谢。

沟通时最不应该做的事

与一个要被辞退的员工进行沟通本身就是一场"战争"。作为"战争"的发起者，管理者必须学会沟通的艺术，并切记不要做以下这些事：

1. 在谈话时做过多无关铺垫

管理者与被辞退的员工谈话时一定要坚决果断。一些管理者因为担心不小心伤害被辞掉的员工，所以在谈话时会慎之又慎地做很多铺垫。实际上，这绝非必要。有时候，无关痛痒的话太多，反而会让对方产生误解，容易给员工造成一种"这件事可能还有回旋的余地、公司似乎并不急于甩掉我”的错觉。一旦开始了猜测、迂回和纠缠，谈话的效率就会大打折扣。

这时候，反不如以事实为依据，直奔主题，不要拐弯抹角，也不要混淆视听。只要传递出“不是你人不好，而是你确实在工作方面存在缺点，难以胜任”的事实就好，让谈话气氛保持和谐、对方情绪保持平稳即可。

2. 产生对立情绪，甚至冲突

辞退工作毕竟是一件令人尴尬的事，但这不代表双方要对着干。就算员工在某些问题上确实令人失望，管理者也不能抓住不放、大肆批评，把所有责任都推给他。这样做并不会使员工产生“我应该被辞退”的内疚感，反而会加剧他对公司和上级的敌对情绪。

管理者应该设法让自己的立场与被辞退者站在同一阵线。但不可避免的是，被辞退者仍然会产生防卫情绪。如果遇到听见辞退消息后立马变脸、暴跳如雷、蛮不讲理的员工，管理者必须保持冷静，切勿跟他发生正面的冲突和顶撞，待其情绪稳定一些后再做沟通。

我以前就遇见过这样的事：一个脾气暴躁的女员工听说自己要被公司开除，直接躺在地上撒泼，扬言要赖在公司一辈子，后来我干脆不理她。结果她在地上躺了20分钟后，觉得既无聊又很无用，就自己站起来，跟我谈解除劳动合同的条件了。

3. 使用不必要的肢体语言

虽然在沟通过程中，谈话是传递信息的主要方式，但有时管理者的肢体语言也会不由自主地传递出一些信息，这些信息很有可能会带来不好的反馈，让面谈过程变得十分艰难。我们必须学会控制自己的身体语言，避免犯下述这些常见的肢体语言错误。

肢体语言	负面影响
无精打采	这是不尊重被辞退员工的表现，表示你有些厌倦，希望他马上离开这里。
夸张的手势	会令人感到你在夸大事实。 想要告诉对方你没有隐瞒什么，可以使用张开双臂、摊开双手这样的动作。
谈话时看时间	这也是一种不尊重人的表现，意味着你有其他事情要做，急于离开这里。
双臂或双腿交叉	这是人为建立交流屏障、体现封闭态度的姿势，被辞退者会有一种被排斥的感觉。
言语和表情不一致	这会让被辞退者怀疑你在欺骗他们，误以为你有其他想法。
避开目光接触或眼神接触强烈	你可能不愿面对这种尴尬，才会避开双方目光接触，但这会让被辞退者产生怀疑，认为你隐藏了某些事情。 过于强烈的眼神接触，也会让对方觉得不舒服，他会以为你试图占据主导地位。单次眼神接触时间以 7 秒到 10 秒为宜，倾听时可适当延长。
皱眉 或其他不开心的表情	这会传递出你心烦意乱的信息，会把被辞退者拒之门外，难以打开心扉。这时微笑的表情是最恰当的。
彼此距离靠得太近或太远	当你和对方的距离小于半米，会让人感觉不适。 距离太远，也会透露出一种“你应该马上滚蛋”的信息。

被辞退后的情绪管理

辞退不合适的员工是管理者必须处理、又不愿处理的实际工作。因为不管是谁经历了这种职业生涯的变故，都容易变得冲动，由于当事人的个性和他受到辞退时所处环境存在差异性，会产生或愤怒、或悲伤、或隐忍、或沮丧、或解脱的情绪。管理者需要对这些情绪问题加以安抚、疏解。

而且，除了对被辞退员工进行情绪管理之外，管理者还不能忽视其他在职员工的情绪。因为这些在职员工可能也会因此产生强烈的情绪波动，这取决于他们与被辞退员工之间的关系。如果管理者无法妥善处理，很可能会影响到双方的心理健康，甚至引发剧烈矛盾，威胁到企业正常运营甚至员工人身安全。

一家公司招聘了一名员工，试用期时老板觉得他不太适合公司的企业文化，就打算辞退这名员工。于是老板派了公司的两个部门主管出面找其谈话，直接叫其离职，结算工资。

这名员工原本就存在思想较为偏激的问题，再加上部门主管最初的沟通不善，导致他心里非常不舒服。他的态度很强硬，就是不走，说要每天都来上班，而且还说了一些很过分的话。公司怕这个员工会出现过激行为，也不敢轻举妄动。最后，双方陷入了僵局……

这其实就是公司管理者和被辞退员工之间沟通不善导致的情绪问题。

可能有的管理者会觉得，辞退不合适的员工会让人放下内心的包袱。因为在通常情况下，辞退意味着使眼下的问题得到解决。可事实往往并不是人们想得那样简单。在决策过程中，部分管理者可能会出现下面几种情绪：

- 疑虑——尽管公司已经决定辞退这个员工了，你还是怀疑这个决定是否正确。
- 遗憾——虽然他的能力不行，但他的人品不错，你可能会因此失去一个好朋友。
- 挫败感——因为你没有想出一个更好的办法来解决这个问题。
- 担心——你担心他以后的生活怎么办。
- 害怕——他会不会因此报复自己或对公司采取法律行动。
- 庆幸——这名长期存在问题的员工终于从我的视野里消失了，如释重负。

无论管理者的经验多么丰富，作为辞退的执行者，他的内心也是纠结矛盾的，承受着情绪压力。管理者的情绪会直接或间接影响到员工的情绪，管理者必须及时发现自己的不良情绪，并找出其中的原因，加以自我调适，然后才能客观、理智地调整好员工的情绪。

管理者应该如何做好辞退员工后期的情绪管理呢？

1. 对被辞退员工，多一些耐心和理解

被辞退对于员工来说是一个不小的打击。因此，管理者应多站在员工的角度想问题，多一些耐心，多一些理解。

大多数的员工在接到辞退通知后会向公司要个说法，管理者要提前准备好说辞，从容不迫地解释给他们听。很多时候，离职的原因不一定就是员工的错，有可能并且常常是公司的错。尤其在创业企业中，人力资源管理会很随意，CEO会有权以任何理由把任何一个员工开除，所以管理者尽可能要诚实一些、耐心一点，想清楚辞退的理由，避免陷入无休止的纠纷中。

要做好辞退后的情绪管理，管理者还要慷慨示人。除非员工道德品德低劣或犯下重大错误，管理者都要表现出最后的慷慨。比如说，公司可以给他们一些遣散费，尽管公司政策或者合同里面没有这样的规定；公司可以给他们一些股票，即便公司没有义务这样做；要把离职定格在尽可能缓和的氛围内；可以在他们走的时候给他们鼓励和帮助。

2. 对受到波及的员工，开诚布公地沟通

一旦将辞退信息通知给员工，做完“离职员工交流”后，管理者就要立即与公司里可能会受到波及的其他员工接触，进行公司内部的事后沟通。

在沟通过程中，管理者前后的说辞要一致，要以理服人，不能人前一个说法，人后另一个说法。一旦前后不一致，他们很快就会知道管理者在欺骗自己，结果也是可想而知的。

1.5 | 管理者是以雷霆手段，显菩萨心肠

晚年的曾国藩曾经收到过一副寿联："以雷霆手段，显菩萨心肠。"本是文人的曾国藩当时正置身于战争之中，原本苦恼异常，不知道该如何应对，这十个字令曾国藩瞬间百感交集，醍醐灌顶。

"以雷霆手段，显菩萨心肠"，其实就是一句成语——刚柔并济。说的是，做事的时候要使用雷霆手段，不能含含糊糊，必须公事公办，说一不二；做人的时候则要常怀菩萨心肠，要有人情味，尽量照顾他人的感受与诉求。换言之，管理者在解决问题时要用雷霆手段，在考虑问题时要有菩萨心肠。

在公布公司人员变动消息的时候，不同的管理者会表现出不同的风格，有的很柔和民主，就像善良的羊，有的则很霸道独裁，就像残暴的狼。

案例一

善良的羊

A君是一家创业公司的老板，公司上上下下的事务都由他亲手打点，连辞退员工这件事也不例外。创业两年，公司发展不温不火，想要突破"瓶

颈”，必须把拖累公司发展、在公司混日子的那部分员工辞退。这种事情让A君颇感为难。他平日温文尔雅，对谁都是和风细雨，从不批评员工。若是让他将这种不近人情的消息通知给员工，他实在有些张不开嘴。

面谈开始了，A君刚刚说出了此次谈话的目的，被辞退的员工就情绪大变，拍案而起：“什么？原本说好我进了公司就是公司的元老，我才愿意跟你一起打拼的，我当初放弃了多少好的工作机会，做出了多大牺牲，你不知道吗？现在公司刚有点起色，你就做出这种狡兔死走狗烹的事情来！我真是看错你了……”

面对员工劈头盖脸的连番指责，A君着实难以招架，只好赔着笑、忍着怨气，场面一度变成了员工训斥老板的狗血剧情。其他员工看不过去，帮A君说了些公道话，才让那名员工的嚣张气焰稍稍缓解。这场面谈也就不了了之。

事后，A君也不太愿意再次找他谈话，只好暂缓了人员变动事宜。

案例二

残暴的狼

B君是一家世界500强企业的部门主管，因为企业的发展战略变革，所以进行了一次大规模的裁员，他的部门也有一部分员工需要被辞退。为了速战速决，他召集这些需要被辞退的员工集体开会。大家原本就因为公司近日的裁员举措而人心惶惶，听到B君点他们的名字去开会，心里自然也十分忐忑不安。

B君为人非常犀利，做事务实，雷厉风行，开会的时候永远没有废话。他看到人已到齐，就直接开门见山地说：“想必大家已经对公司的这次裁员计划有所了解，那么今天到场的每个人，都在本次裁员名单中，具体的裁员原因已经发送到每个人的工作邮箱中，如果查看后没有异议，请在本周内完成离职交接工作。就是这样，散会。”

“什么！怎么可以这样！这就完了？”员工们纷纷表示不满，都感觉自己没有被裁掉的正当理由，想要拉着B君理论一番。但B君根本不予理睬，转身就走了，留下一屋子的人愤愤不平。这些员工见在B君这里讨不到公道，于是成立了维权组织，集体把公司告上了法庭。

管理者到底是应该做羊还是做狼呢？答案显而易见，都不能做。李嘉诚说过：“做人的最高境界是‘仁慈的狮子’。”仁慈的本性，加上狮子的力量，才能令管理工作顺利进行，既保证了效率，也减少了伤害。

刚，就是绝不放纵破坏纪律的人，绝不对违反制度的行为宽容，在是非面前要刚正、果断；柔，就是理解员工、尊重员工、帮助员工，即便是面临一拍两散的境地，针对离职员工，也应施以温情。这种刚柔并济的管理方式并不矛盾，不是非此即彼的关系，刚与柔两种管理模式结合在一起，可以让各自的优点得到充分发挥。

比如，当离职员工经过安抚、不带怨言地离开公司以后，最好不要绝情地与其一刀两断，注意“善后事宜”的处理，给予关怀和关心，是管理者菩萨心肠的体现。人事部门可以经常关注该员工的动态变化，在节日时送去一句问候，这种看似微不足道的小插曲，是人性管理的精髓。即便是离开了，也能被原单位如此重视关心，对每个在职员工而言，也是一颗口味极佳的定心丸，对企业的口碑和内部员工的稳定大有助益。

将合适的人请上车，不合适的人请下车

——詹姆斯·柯林斯

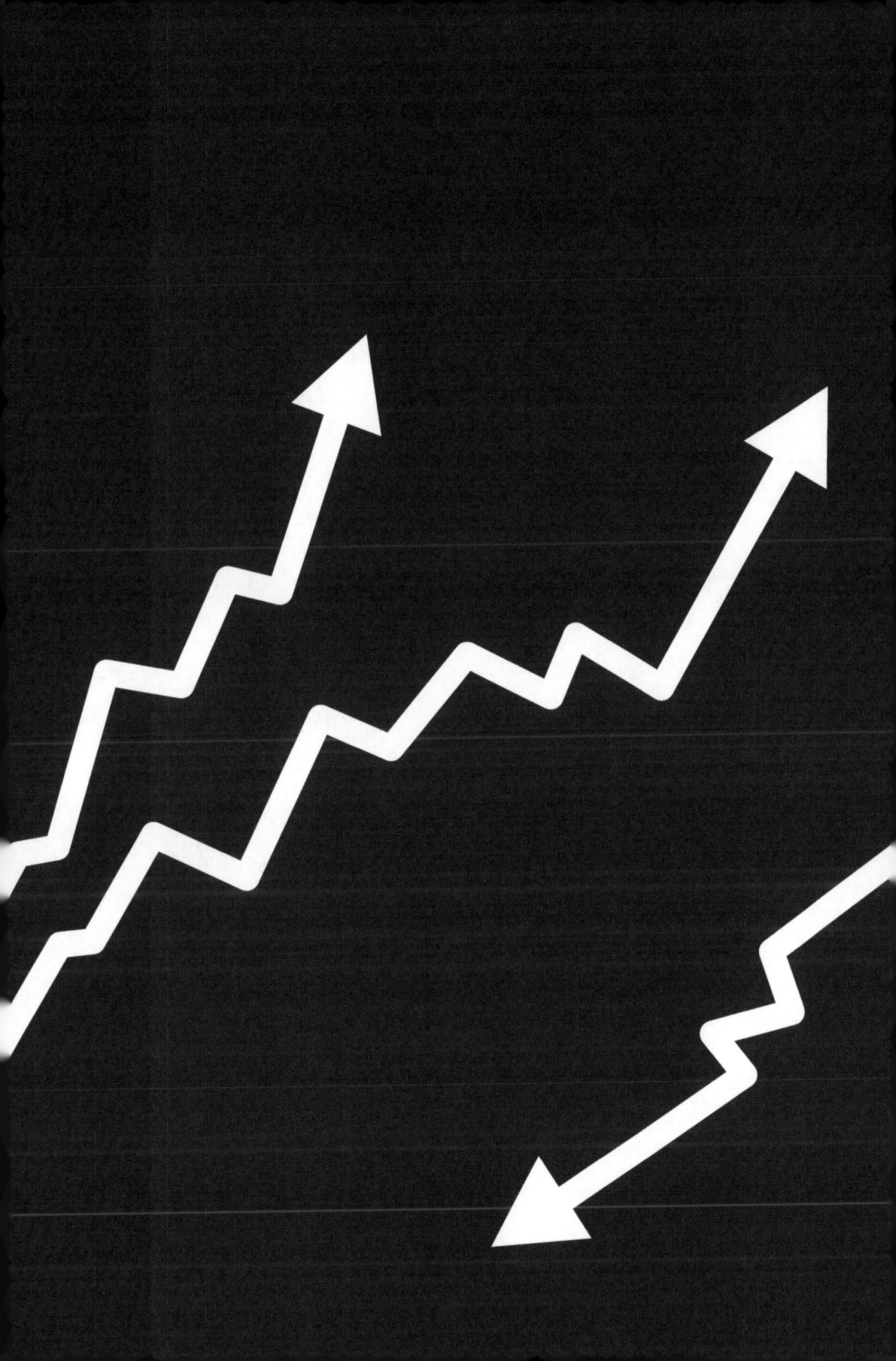

第二章 将合适的人请上车，不合适的人请下车

风风火火的裁员期已过，企业内部暂时处于平稳状态，但是依旧暗潮涌动。管理者此时应做的工作是继续对企业的人员配备进行优化，只有让不合适的人或离开、或调岗，让合适的人坐在合适的位子上，才能做到能岗匹配，让企业正常且高效地运行，并在每一次危机冲击下得以顽强存活。

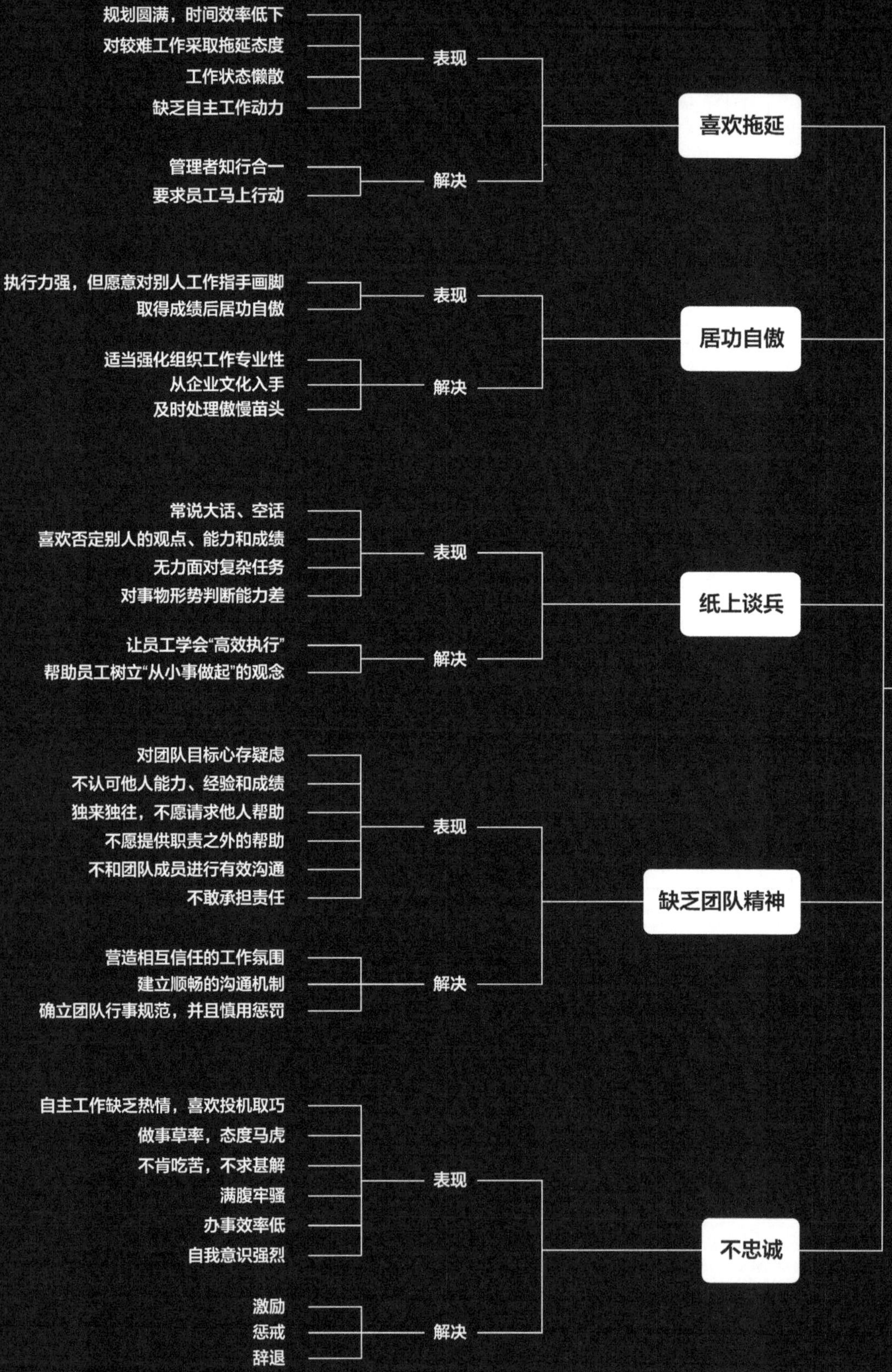

喜欢拖延
表现
规划圆满，时间效率低下
对较难工作采取拖延态度
工作状态懒散
缺乏自主工作动力
解决
管理者知行合一
要求员工马上行动
居功自傲
表现
执行力强，但愿意对别人工作指手画脚
取得成绩后居功自傲
解决
适当强化组织工作专业性
从企业文化入手
及时处理傲慢苗头
纸上谈兵
表现
常说大话、空话
喜欢否定别人的观点、能力和成绩
无力面对复杂任务
对事物形势判断能力差
解决
让员工学会“高效执行”
帮助员工树立“从小事做起”的观念
缺乏团队精神
表现
对团队目标心存疑虑
不认可他人能力、经验和成绩
独来独往，不愿请求他人帮助
不愿提供职责之外的帮助
不和团队成员进行有效沟通
不敢承担责任
解决
营造相互信任的工作氛围
建立顺畅的沟通机制
确立团队行事规范，并且慎用惩罚
不忠诚
表现
自主工作缺乏热情，喜欢投机取巧
做事草率，态度马虎
不肯吃苦，不求甚解
满腹牢骚
办事效率低
自我意识强烈
解决
激励
惩戒
辞退

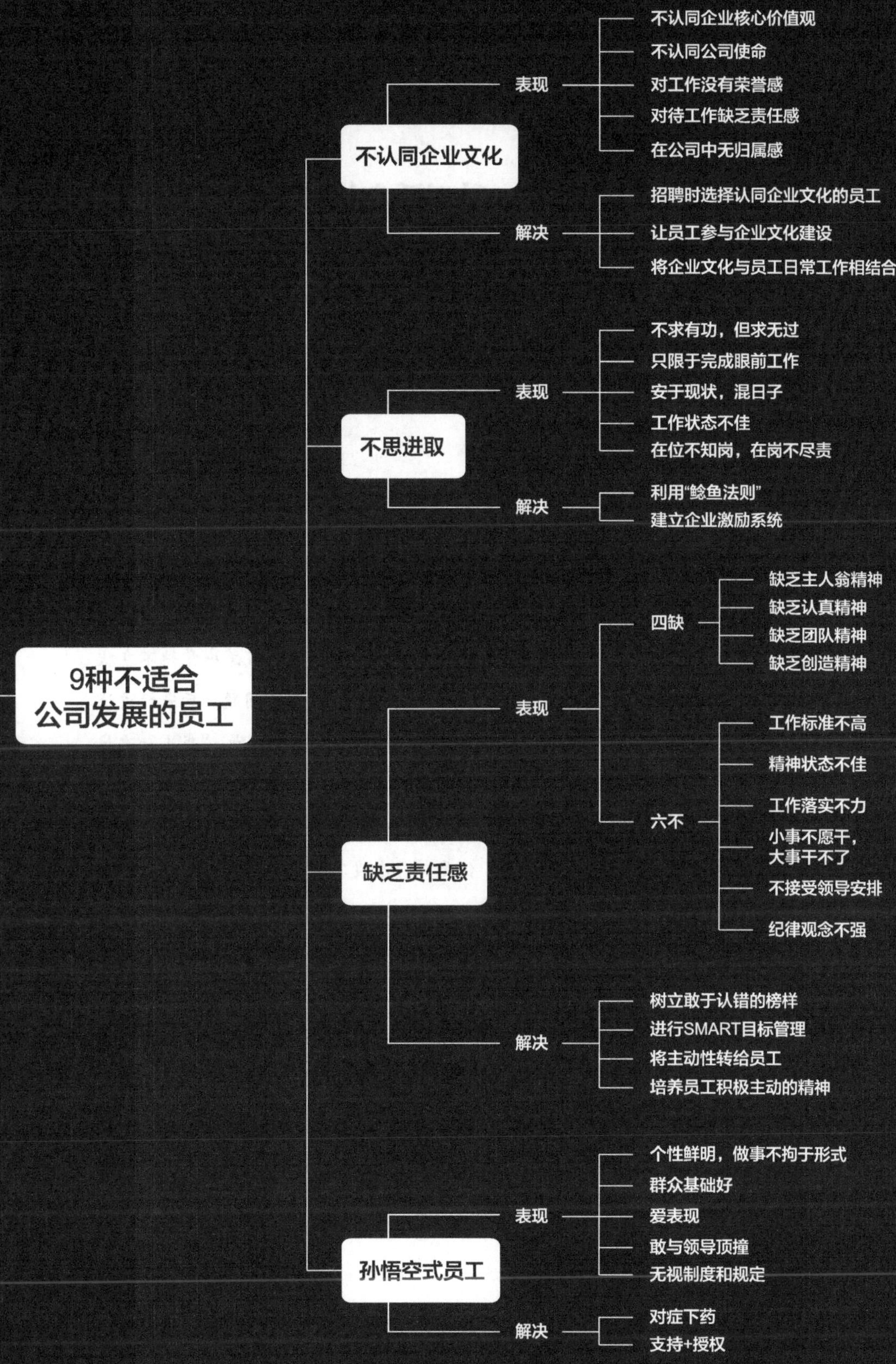
9种不适合公司发展的员工
不认同企业文化
表现
不认同企业核心价值观
不认同公司使命
对工作没有荣誉感
对待工作缺乏责任感
在公司中无归属感
解决
招聘时选择认同企业文化的员工
让员工参与企业文化建设
将企业文化与员工日常工作相结合
不思进取
表现
不求有功，但求无过
只限于完成眼前工作
安于现状，混日子
工作状态不佳
在位不知岗，在岗不尽责
解决
利用“鲶鱼法则”
建立企业激励系统
缺乏责任感
表现
四缺
缺乏主人翁精神
缺乏认真精神
缺乏团队精神
缺乏创造精神
六不
工作标准不高
精神状态不佳
工作落实不力
小事不愿干，大事干不了
不接受领导安排
纪律观念不强
解决
树立敢于认错的榜样
进行SMART目标管理
将主动性转给员工
培养员工积极主动的精神
孙悟空式员工
表现
个性鲜明，做事不拘于形式
群众基础好
爱表现
敢与领导顶撞
无视制度和规定
解决
对症下药
支持+授权

2.1 管理比招聘更重要，9种不适合公司发展的员工

一位在公司做人事工作的朋友向我抱怨："最近公司里新招了一个前台接待，目前已入职近一个月，一周前我发现前台岗位并不适合她。因为我总感觉她不在状态，心思不在这里，但是又觉得她处事很灵活，能解决很多前台问题。后来经过谈话，我给她换了一个岗位，但还是没多大改善，工作状态依然很散漫。"我再一次找她谈话，告诉她要转变这种工作态度，否则确实不适合公司的理念和工作要求。可是她依然我行我素，以至于前天老板找到我，命令我辞退这个员工。我觉得从个人能力上来说，她在某些方面的确有才华，但是工作态度不端正，真是一点挽救的办法都没有吗？"

一个人纵有满腹才华，如果工作态度不端正，那最后的结果也是可想而知的。工作态度存在问题的员工就像是病毒一样危害着企业的机体健康，必须及时加以处理。下面分析的这几种员工类型，正是工作态度不端正的典型。

不认同企业文化的人

很多老板经常问我什么样的员工不能用，我认为最不能用的员工就是不认同企业文化的员工。正如通用电气原董事长杰克·韦尔奇所说："什么样的人企业坚决不能用？是有业绩、有能力，但不认同公司文化的人，也就是说他和企业的价值观不同，这样的人坚决不能用，坚决不能在企业待着，更不能进入高层。"

企业文化就像企业的遗传基因，不仅决定企业的性格，更决定企业的命运。为什么这样说呢？因为，作为一种企业特有的组织理念和管理方式，在核心价值观、愿景目标、未来使命等因素的引导下，企业可以借助企业文化的凝聚力，让员工的主观能动性在对内自我约束、对外和谐相处的环境中得到最大限度的调动。

大浪淘沙，无数公司迅速崛起，又迅速倒下。综观那些能够存活下来的企业，无一例外地都拥有优秀的企业文化。作为精神内核的企业文化，可以让企业始终保持旺盛的发展活力。

知名企业	企业文化
宝洁	亲近生活，美化生活
IBM	停止空谈，开始行动
谷歌	不作恶
特斯拉	六大铁律

优秀的员工往往口才好、能力强，他的影响力和煽动性都需要被重视，当他的价值观与企业价值观南辕北辙之时，自然会在某些情况下站在企业的对立面，这种"身在曹营心在汉"的优秀员工就像一颗定时炸弹，说不定什么时候就会"策反"其他员工做出对企业不利的事情。因此，对于这种不认同企业文化的员工，就算辞退他会给公司业绩带来损失，也应该忍痛割爱。

一个不认同企业文化的员工通常会表现为：

- 不认同公司的核心价值观。
- 不认同公司的使命。
- 对于工作没有荣誉感。
- 对待工作缺乏责任感。
- 在公司里没有归属感。

正所谓“道不同不相为谋”。在企业里，真正让核心员工忠于企业的，不是金钱，也不是升职，而是认同。道理很简单：欲望往往是永无止境的，不管是对金钱的欲望，还是对地位的欲望，一再满足他们的欲望，真的能令他们对企业忠心不二吗？难道最后需要将企业拱手相让，证明那就是欲望的尽头吗？企业文化不是一种欲望，而是一种追求，是富有魅力的企业灵魂，既独一无二，也无法模仿。当一个人对企业的文化深度认同之后，建立在价值观认同基础上的忠诚，才是发自内心的、坚定不移的追随。

正如华为的成功，就是得益于拥有彰显其文化的特定价值观。

华为创始人任正非说：“世界上一切资源都可能枯竭，只有一种资源可以生生不息，那就是文化。”华为的企业文化是什么？第一，以客户为中心；第二，以奋斗者为本；第三，长期坚持艰苦奋斗。在任正非看来，这是华为成功的秘诀。

第一，以客户为中心。华为前海外地区部副总裁范厚华这样说：“以客户为中心，关键在于把客户需求进行落地：明确创造什么样的价值才是客户需要的，创造客户认可的价值，建立以客户为中心的生态体系。”如果企业时刻以客户为中心，就能知道客户的需求是什么。

第二，以奋斗者为本。华为公司以“员工是努力奋斗的”为基调来定位所有的制度和政策。不能奋斗的人就不是华为人，就要请他离开。

任正非这样解释，2000 ~ 2003年的IT泡沫破灭对很多企业都是重大打击，因为当时的华为在技术和管理上处于落后状态，所以在其他企业都盲目追赶技术驱动潮流时，华为没能力做同样的事情，这样反而使自己得以幸存。现在，当西方公司不再盲目地追求技术创新、更重视基于客户需求的创新之时，华为再落后就会死无葬身之地。再者，曾经朝气蓬勃的信息产业如今已经逐步转变为传统产业，呈现出低毛利率、规模化的特征。为了应对、适应这种转变，各大企业纷纷兼并、整合，走上了强强联手的道路，比如2005年10月，爱立信收购马可尼；2006年3月，阿尔卡特和朗讯合并；同年6月，诺基亚与西门子合作。而华为相对还很弱小，想要活下来，只能用最古老、最笨的方法，那就是艰苦奋斗。

第三，长期坚持艰苦奋斗。华为一边鼓励奋斗、培养奋斗者，一边不让奋斗者吃亏、保护奋斗者。比如，任正非稀释了自己的股份，持股比例仅为1.42%，以此来体现华为不搞特权，会公平、公正、公开地给每个奋斗者同样的机会。

任正非的用人观点是坚决淘汰那些眼睛看着老板、屁股对着客户的人，他们不认同企业文化，他们就是华为大厦的“拆厦者”。这些人只是为了谋取个人利益的最大化。对于这样的人，要坚决请他离开。

在现代企业管理中，企业文化大道无形，是企业的软实力。想要解答一家公司关于运作和赢利的疑问，我们可以列举发展规划和业务细节，想要解答一家公司“是谁”、在消费者心中“是谁”，这种具有哲学意味的问题，却只能依靠企业文化。

若想做好企业的文化建设，让员工都深刻认同，管理者可以从以下几方面入手：

1. 招聘时，选择认同企业文化的员工

管理者在招才选将的时候，不能只是做一个小打小闹的小工匠，只注重从技术的角度，像精心挑选砖瓦块一样对待应聘人员，而应该站在企业文化的高度，把“我们企业提倡什么、反对什么、需要什么”的用人观念，落实到观察、甄选人才的过程中。像会识马的伯乐一样，判断对方是否合适这个公司、这个岗位，可以先从他的思维方式、个性特点、内在潜质等方面来审查。如果不合适，那么就不予录用。

2. 企业变革时，让员工参与企业文化建设

企业文化可不是老板文化、高层文化，它是整个企业价值观和行为方式的集中

体现，所以想要得到员工的认同，就必须在引入组织变革或再造时，让全体员工参与进来，只要是有想法、有见解的人，就可以探讨公司的文化。

3. 将企业文化与员工日常工作相结合

想要让员工改变观念，就需要把理念转化为行动，与其大费周章地开展一些培训活动和专题研讨，口号标语满天飞，倒不如让他们将自己的工作与企业文化相结合，从身边小事做起。通过日常工作的潜移默化，去理解公司的企业文化是如何产生的、公司为什么要树立这样的文化，以及为什么自己要这么做。

不思进取的人

在现实生活中，平静、安逸的生活总会让人变得懒惰，不思进取只会让人失败、走向灭亡。“生于忧患，死于安乐”说的就是这个道理。企业里也会存在一些不思进取的人，他们对待工作不认真，认为公司不是自己的，没有必要那么拼，做事就会得过且过。

我们把这样的员工称为不思进取型员工，他们的主要表现为：

- 工作上不求有功，但求无过。
- 只限于完成眼前的工作，没有远大目标。
- 安于现状、不思进取，整天混日子，当一天和尚撞一天钟。
- 工作状态不佳，精神萎靡不振。
- 心思不在工作上，敷衍了事，在位不在岗，在岗不尽责。

这样的员工不仅管理者不喜欢，也不利于企业的发展。大多数管理者发现这样的问题，解决办法无疑是请他们离开。其实，有些时候我们不妨试一试其他处理方法。

1. 利用“鲶鱼法则”，刺激进取心

在安逸、平静的环境中待的时间长了，沙丁鱼的生命变得越来越脆弱，不堪一击。这时如果往里面放几条比较凶猛的鲶鱼，就可以搅乱沙丁鱼安于现状的状态。为了生存，沙丁鱼就会变得活跃好动，时刻保持警惕，生命反而更加长久。

做企业也是这样。如果一个企业没有什么新鲜刺激的东西，那么很多员工就会长期固定不变，缺乏新鲜感，缺乏竞争力，也容易养成惰性，没有紧迫感和危机感。只有有了压力，存在竞争气氛，员工才会有紧迫感、危机感，才能激发进取心，企业才有活力。

如果企业里存在这样不思进取的员工，只要不是非要让他们离开的话，往里面加几条“鲶鱼”就可以了。

2. 建立企业激励系统，有序并持续地刺激

还有一种不思进取的情况，是由于企业自身的客观因素引发员工的消极怠工。

很多企业都经历过这样的问题：创业初期，大家都在努力工作，劲儿往一处使，不怕苦不怕累，从早到晚拼命干。可是公司发展起来后，业务量增多了，员工队伍也扩大了，但是大家的整体工作积极性却越来越低了，也越来越计较个人得失。

为什么会这样呢？我们先来看一个案例：

有一个公司的老总找到我，跟我说了他的困惑，这个老总发现最近公司的员工远没有前期创业时有干劲了，工作状态都是懒洋洋的。好在这个老板是比较注意思考和学习的，他给自己和管理层安排了用人管人的针对性培训，又改进了管理方法，同时提高了员工的待遇。

管理方法的改变，再加上高薪待遇，员工的整体工作状态立即有了改变。公司也开始聚集了一大批有才华有能力的人。所有的员工都很满意，大家热情高涨，工作也非常卖力，公司的精神面貌由此焕然一新。

可是这种好势头持续不到半年，员工们又慢慢反弹到懒洋洋、慢吞吞的工作状态。

其实这种情况是现代公司的一个普遍现象，大多数企业都要经历这个过程。很多人由当初创业时的铆足力气艰苦奋斗，到后来的不思进取、得过且过。这其中经历了什么呢？

第一，企业没做大之前，员工和老板整天工作在一起，产生了感情基础；后来企业做大了，老板或忙于企业发展的大事，或忙于其他应酬，与员工在一起的机会减少，感情自然就逐渐疏远，这时再以感情作为激励手段，自然就不起作用了。

第二，创业初期，每个老板会对一些公司元老尤其是那些核心员工做出很多承诺。可是企业做大后，有的老板并没有兑现这些承诺，就会让一些公司元老觉得很失望，接下来自然就会消极怠工，甚至集体跳槽。

第三，一个企业成长到一定规模后，自然就会走向制度化管理。当冷冰冰的制度摆在员工面前时，一切就要按级别来、按公司规定来。就像梁山好汉那样，刚开始是“八方共域，异姓一家”，不管什么出身“都哥弟相称，不分贵贱”，到后来招安后，有了严格的等级制度，便不能再像以前那样称兄道弟了。制度容不得感情，员工们原先的感情也就不再投放于在制度管理下的企业里。

还有一点就是，老板虽然把工资提上去了，然而却没有将工资和奖金与他们的工作目标、完成业绩挂钩。这让一部分员工即使不努力工作，也不用承担没有完成业绩的压力，照样能拿到高额工资，另一部分努力工作的员工自然会心生不满，还有什么理由继续卖力工作呢？

分析之前的案例，我觉得这家公司存在很多问题：其一，企业快速成长，但管理经验却还是老样子，没有一并成长起来，处于缺乏管理的阶段；其二，单纯依靠高额工资来激励员工，对于激励机制的理解比较肤浅；其三，没有制订其他有效的激励手段去配合高薪激励，导致这套激励系统缺陷很多。

当找到公司的症结所在，处理起来就简单了。我建议这个老板，以薪酬制度为基础，针对公司的现状建立一个激励系统，这样才能让企业进入一种良性循环状态，保证高工资、高效率、高效益。当这套激励系统成功建立后，可以有效帮助员工适应公司新节奏，公司便能正常运转起来。

缺乏责任感的人

在工作中，我们总能听到一些员工说出的各种各样的借口：

“这不是我的错！”

“不是我故意迟到的，路上堵车了。”

“我本来可以完成的，要不是××来搅局。”

“这些内容是我以前没有接触过的，让我勉强去做，我可能难以胜任。”

“再给我三天，我肯定可以完成。”

“那是别人的工作，不在我的工作范围之内。”

所有的解释都是借口，所有的借口都有一个目的——推卸责任。为了趋利避害，为了得到他人的理解和相信，人们会把那些属于自己的原因推到其他方面。这一现象的根本原因是缺乏责任感。

如果我们把一个企业比喻成一座大厦，那么员工的责任感就是这座大厦的基石，责任心是企业对员工的最基本要求。拥有责任心，也就拥有了勤奋工作的热情和不断进步的动力。

在平日的工作中，员工由于责任心的欠缺，工作上出现一些大大小小的问题时，管理者总能听到上面列举的那些说辞，为了推卸责任，他们百般地抵赖、狡辩，甚至去指责别人、栽赃陷害。这样的人是企业里最不受欢迎的人之一。试想，这样的人如何担当大任呢?

稻盛和夫在其《干法》一书中将员工分为三类：“自燃型”员工、“可燃型”员工和“阻燃型”员工。其中，那些“阻燃型”员工，他们对待工作冷若冰霜，也是让管理者最为头疼的一群人。

一个缺乏责任感的员工主要表现为：

四　缺	六　不
• 缺乏主人翁精神，几乎不会使用“我们公司”“咱们单位”的表达，不会为公司获得荣誉而开心，也不会因为公司的困境而烦恼。 • 缺乏认真精神，做事马马虎虎，能勉强通过考核，就不会费力做到精益求精。 • 缺乏团队精神，在同事中口碑较差，不愿意帮助同事，与团队的契合度较低。 • 缺乏创造精神，在头脑风暴时常常保持沉默，不愿意动脑思考。	• 工作标准不高，口头禅：“就这样吧”“我觉得这样就挺好”“我只能做到这样了”“差不多就行”。 • 精神状态不佳，无精打采，缺乏工作热情。 • 工作落实不力，经常虎头蛇尾，半途而废。 • 做事喜欢挑三拣四，小事不愿干，大事干不了。 • 不愿接受领导安排的工作，或者消极怠工，或者明着顶撞。 • 纪律观念不强，迟到早退是家常便饭。

为什么这些员工如此缺乏责任心呢？

一方面是来自员工自身的原因：

（1）他们对失败充满了恐惧。

（2）他们对企业管理有不满情绪，所以持有消极态度。

（3）当对一份工作失去热情时，没有人能够做到100%的投入。

（4）因为很多工作内容是他们不了解不擅长的，因此出错、出纰漏都是在所难免的事情，有时候未必会被严厉地追究责任，所以他们做这些事情时表现出的责任心就会大打折扣。

另一方面是来自管理者的原因：

（1）管理者过分严厉的处罚，导致员工为了逃避处罚而开始推卸责任，甚至撒谎、欺骗以及隐瞒错误。

（2）也可能是管理者没有正确分派职责或者确切定义职责，这样的后果就是找不到问题的责任人，员工们互相推诿责任。

（3）在分配工作任务时，管理者只告知了做什么、如何去做，却没有告知员工对此应负的责任，更没有说明如果出了问题，要承担什么样的后果。

这里我要强调的是，更多时候，员工责任心缺乏的主要原因就是管理不当，这就是许多企业不断给员工灌输责任意识、然而却没有什么效果的原因。管理者与其埋怨员工缺乏责任心，倒不如把精力用在自我反思上。

许多员工在刚走进一家企业时，对企业管理缺乏了解，为了赢得上司的青睐，通常都可以积极主动地完成自身工作，将自己最好的一面展现出来。然而，一旦他们对企业的了解足够深入，发现公司的管理制度存在问题或缺陷，感觉自己的付出与回报不成正比时，也就丧失了原本的工作热情，伴随着一起消失的，就是责任心。

作为刚毕业不久的大学生，李强是同批进入公司的新员工中的佼佼者。他对市场具有敏锐的洞察力，尤其擅长市场方案策划，因此被提升为业务经理，并被视为公司的重点培养对象。

不过，他同时是一个自我设限很严重的人。在面对一项工作任务时，不论事实到底是什么样，他都会优先考虑其中的负面因素，由此产生妄自菲薄的消极心态。因此，他的业绩一直升不上去。在领导眼中，他也成了一个非常没有责任心的员工。很快，公司将他降职为业务员。

为什么这样的优秀员工最后也失去了责任心？原来，有一次李强负责了一次促销活动的策划，由于竞争对手采取了更为强大的促销力度，最终使得李强的促销计划丝毫没有促进销售，公司为此还增加了近30万元的销售成本。这件事发生之后，李强便失去了最初的工作激情，做事开始畏首畏尾，为了避免承担负面责任，他总是明哲保身地敷衍塞责，将那些具有难度和风险的工作一推了之。

可见，有时仅仅是一次失败，就拥有毁掉一个原本很有前途的年轻人的工作热情的力量。

试问一下，出现这样的问题，完全是员工的错吗？当然不是。通常在那些拥有出色管理体制的企业中，不论何时何事，员工都可以保持高涨的工作热情，全身心地投入自己的工作中，一旦管理者发现某个新员工在工作态度上出现了由热变冷的180度大转弯之后，他就会立刻接收到一个信号——“企业的管理制度出现了问题”。

尽管管理者认为，完美无瑕的企业管理制度是不存在的，但是，无论眼前的问题有多棘手，管理者都必须挖掘出问题的本质原因，并且据此寻找解决方案。不断解决问题的过程，也是企业不断发展壮大的过程。

面对推诿责任的问题员工，管理者不能只凭一时意气就请他离开，最重要的是应该认清其深层原因，找到原因后，先去提高自身的管理技巧，再重点培养这些员工的责任感。管理者可以这样做：

1. 树立敢于认错的榜样

如果管理者本身出了问题，却还死要面子，不愿意承认错误，在这种“带头作用”下，员工自然就耳濡目染地学会了推卸责任。所以，为他们树立一个以身作则的正面榜样，也是管理者的责任。

2. 进行SMART目标管理

管理专家彼得·德鲁克认为：“企业的使命和任务，必须转化为目标。”我认为，明确的目标意味着明确的责任，通过目标的实现来督促员工的责任心是一种很好的办法。目标管理是一种以制订目标为起点、以目标完成情况的考核为终结，把个人需求与组织目标结合起来的管理制度。在SMART中，S指的是Specific（特定），M指的是Measurable（可衡量），A指的是Attainable（实现），R指的是Relevant（相关性），T指的是Time-based（时限）。

SMART	英 文	表达意思
S	Specific	工作指标应该明确具体，不能笼统，以便为绩效考核服务
M	Measurable	绩效指标需要被数量化、行为化，以便明确加以衡量
A	Attainable	绩效指标具有被实现的可能性，过高或过低的目标都不行
R	Relevant	重视此目标与其他目标的关联性，不可孤立设定
T	Time-based	绩效指标需有特定完成期限，以便提高工作效率

3. 将主动性转给员工

有的管理者为了激发员工的工作积极性，经常给员工撂下一句话："大胆去做，出了事我兜着。"但是实际上，这种话很容易让员工把责任推到管理者身上。管理者应该用"你来做，你负责"代替"你来做，出了事我负责"。

4. 培养员工积极主动的精神

只有本身具有积极主动精神的员工才更愿意负责任地完成工作。爱推卸责任的员工是被动的，这时管理者要通过培养员工积极主动的精神，来塑造他们的主动性。

不忠诚的人

在很多现代企业老板的眼中，"忠诚"这个词可能有些过时。事实上，不论何时，忠诚都是员工在企业里尽心尽力、尽职尽责的原动力之一。因为忠诚，一个员工才会急人之所急、急公司之所急，敢于承担重要责任。那些对企业忠诚和工作积极主动的人，能够踏踏实实地完成工作，不屈不挠地对抗困难，员工的工作成效高，企业的效益也必然高。

原上汽集团总裁胡茂元从17岁时就进入上汽集团的前身上海拖拉机厂工作，到2014年退休，他已经在这家企业干了45年。这45年来，从学徒到总裁，胡茂元没有改变过对上汽集团的忠诚。他每时每刻都以主人翁精神为上汽集团默默奉献。不管什么时候，他都会把企业利益放在第一位。2004年，上汽集团进入世界500强，胡茂元实现了上汽集团几代人的夙愿。到了2014年，上汽第10次入选《财富》杂志世界500强，排名第85位，这也是中国汽车企业首次进入世界500强的百强榜单。

在日本，忠诚意识极为浓厚。大多数员工会以"我家"来称呼自己的企业，甚至将企业视为自己社会生活的一切、整个生命价值的根本。

有这么一位丰田公司的老员工，在他首次与女儿的男友正式见面时，曾经郑重地对他说："如果你想要成为我的女婿，那么我没有其他要求，只是希望当你自己和你的家人需要买车时，必须买丰田的车。"

然而在企业里，同样存在一些不忠诚的员工，他们的表现为：

- 工作的时候缺乏热情和激情，为了尽快完成任务选择投机取巧。
- 做事草率，态度马虎。
- 不肯吃苦，对待难题总是不求甚解即可。
- 遇事喜欢找各种借口，不愿自主承担责任。
- 满腹牢骚，抱怨不断，心思不在工作上。
- 做事拖拖拉拉，办事效率较低。
- 自我意识极为强烈，以自我为中心思考问题，忽视别人的感受。

对某种机构、目标、理想、传统、产品的拥护，就是忠诚，它涉及企业运作的方方面面。如果员工缺失拥护企业、忠于企业的态度，自然会影响工作的投入度，乃至影响工作绩效，企业发展会遭遇挑战，甚至置身于忠诚危机中。

工作能力可以通过培养获得，改变一个人的品质却具有更大的难度。所以，相比能力不足但任劳任怨的员工，那些频频跳槽、朝秦暮楚、不忠于公司的人，已经成为管理者越来越不喜欢的人。正如华润置地上海公司前总经理陈凯所言："无论什么职位上的员工，都必须忠诚于他所服务的公司。一旦发现他对公司不忠诚，一定要开除。"

管理者应该如何辨别真正的忠诚员工？通过对员工听其言、观其形、察其事，管理者很容易发现心怀"二心"的员工。员工对企业忠诚的最直接行为，就是融入企业，成为这个大家庭中的一员，将自己和企业捆绑在一起，形成一个命运共同体，把企业的利益放在第一位，为企业的生存和发展出谋划策。真正忠诚的员工不仅愿意接受企业的规章制度和行为规范，而且能够保持自己的思维与企业的经营理念一致。

但是，我要强调一点，沃顿商学院管理学教授亚当·科布说过：“企业必须认识到忠诚是一种双向行为。”他还指出：“我对企业的忠诚度的依据是企业对我的忠诚度，不过在这种双向行为中企业却占据着明显优势。”因此，当管理者期望员工能够无比忠诚之时，就需要开诚布公、以诚相待，尽量去满足员工的需求；这样，当员工期望企业能够以诚相待之时，就会做出忠诚的举动。

基于某种契约关系与互利关系，忠诚可以被理解为是一种情感回报，它的存在前提是彼此满足和平衡。若这个前提发生变化，那么忠诚就会被动摇、消失。企业应该去追求员工的相对忠诚，不能指望员工的忠诚终生不变，因为追求员工的绝对忠诚是不现实的。

由此可见，将心怀“二心”的员工辞退，是欠缺考虑的。但是，员工的“二心”有时候像是扑不灭的火焰，仅仅采取思想教育的办法，或是通过苛刻的制度来约束，以此提升员工的忠诚度，也是不够的。再高压的管理政策只能管住员工的行为，却管不住他的思想，制度的约束力往往很有限。

正确的做法是，找到员工不够忠诚的根本原因，然后像下面这样去辨“症”施治。

1. 激励

针对具有独立创业意识的员工，企业可以支持其内部创业，提供更大的工作平台，这是行之有效的激励手段。针对积极进取而又不满足现状的员工，企业可以通过提升薪酬、福利、职位等方法来加以激励。针对本身富有才华却得不到施展的员工，企业可以提拔重用，让他负责能施展才华的项目，加以激励。

2. 惩戒

我认为，员工态度上的不忠诚，未必一定就会产生不忠诚的行为。但是，防患于未然依然是必需的。针对那些具有不忠诚行动机会的员工，企业可以通过思想教育打好“预防针”。针对已经出现不忠诚行动的员工，假如行为性质和后果不算太恶劣，最好不要一棒子打死，能够通过惩戒手段达到有则改之的目的是最好不过的。

3. 辞退

针对危害了企业根本利益的员工，必须马上“请他离开”，不管他的职位有多高、岗位有多重要。

当然，上述应对之法只能治标不能治本。管理者更应该从抓“本”做起，或是通过解决企业存在的问题来“唤”回员工的忠心，或是满足员工的合理需求来“换”回员工的忠心，这样才能使企业像磁石一样吸引更多的优秀人才。

缺乏团队精神的人

我经常在课上和学员们分享这样一个故事：

在炎热干燥的非洲大草原上，常会因为自燃而发生火灾。这时，无数蚂蚁被大火围困住，它们会迅速聚拢起来，紧紧地抱成一个大蚁球，一边滚动着，一边冲向火海的边缘。尽管这个大蚁球很快会被烧成火球，尽管居于火球外围的蚂蚁被烧死了，但却保全了里面更多的蚂蚁。

这个故事其实意在反映团队协作的重要性。现在，单打独斗的个人英雄主义难以发挥作用，这是一个需要团结协作的时代。拉卡拉创始人陶然在《创业36条军规》中指出：队伍中最聪明的那个人并不能决定团队的战斗力，战略是否正确、员工是否齐心协力，才是真正的决定因素。另外，任何一个员工的优秀都与他所在团队的优秀不可分割。一个员工，只有做到将个人利益和团队利益放在一起、置于一处，才有可能最终实现个人价值、收获利益。

一个团队的核心就是团队精神，缺乏团队精神，所谓的团队就是一盘散沙。如果企业里存在太多缺乏团队精神的员工，管理者就需要警惕了。因为一个烂苹果会让整箱苹果都烂掉，一个没有团队精神的员工就像那个烂苹果一样，可能会使整个团队毁于一旦。所以，这样的害群之马，只能请他马上离开。

一个缺乏团队精神的员工表现为：

- 没有坚定的信念，对团队的奋斗目标总是心存疑虑。
- 表面和气，背地里却不认可他人的能力、经验和成绩，喜欢互相拆台。
- 独来独往，不愿意把工作与别人分担，不愿请求他人帮助。
- 不愿意给他人提出建设性的反馈意见、提供职责之外的帮助。
- 不会和团队其他成员进行有效的沟通。
- 工作中出现问题时，不敢承担责任，常常隐藏自己的弱点和错误。

俗话说：“天时不如地利，地利不如人和。”这个“人和”就代表了一种团队精神。很多企业家都能深刻认识到团队的重要性，可现实却经常是：在内部不同势力拉扯的内耗中，企业各个组成部分之间相互干扰、相互冲突、相互抑制，企业迈不开步子，经常贻误战机；各怀绝技的精英聚到一起看似和谐，工作却没有什么效率。这种情况是令很多企业管理人员最头疼的。当陷入一场无休止的“内耗”时，企业就像是一个得了绝症的病人，使用再好的药也难以药到病除。

联想前任总工程师倪光南与董事长柳传志之间存在很多分歧，常常站在对立面处理问题。两个人就像被一根绳子捆住、却往相反的方向奔跑一样，一直处于此消彼长的状态，让这场“内耗”长达5年。当联想通过新闻发布会把企业的这种“家丑”公布于众时，业内反响强烈，不管是对柳传志、倪光南两个人而言，还是对整个联想公司来说，都带来了不同程度的伤害。后来，联想集团在这次阵痛中吸取了教训，努力避免重蹈覆辙，企业才得以向前发展。

我认为，要避免内耗，让企业有发展，就要打造好自己的团队，树立真真正正的团队精神。在这一点上，德国企业打造的团队精神是值得我们国内很多企业管理者学习的。

德国企业的团队精神是以科学的人员管理评价标准为基础的。换句话说，他们会把每个员工都安置在合适的岗位上，使其发挥出最大效用。这就好比一部机器，只有把零件安装正确，整个机器才能正常、协调地运转起来，否则机器肯定会问题频出。

把机器零件安装到正确的位置后，接下来就要对机器零件进行打磨，也就是对员工进行企业文化、企业价值的教育和培训。若是无法与企业文化相契合，就算是优秀人才也会水土不服，难以适应新的工作岗位。如果机器的某个零件没有经过磨合就直接开始工作，那么不仅会让零件损坏，更有可能让整个机器都坏掉。

在企业文化植入方面，德国企业经常会下很大工夫。我们来看德国最大的航空公司——汉莎航空公司是如何打造他们的企业文化的。

自1996年以来，汉莎航空公司的管理者便致力于经营方法和服务的改进，在这个过程中充分发挥团队精神，把团队里每个人的潜质发挥出来，而且取得了非常不错的效果。

尽管成果显著，但公司的管理者并没有因此停滞不前，而是经常深入一线检视每个具体环节。不管是董事长于尔根·韦贝尔，还是各个部门的负责人，都会深入为乘客服务的第一线，他们会亲自去做检票、预订机票和为机上乘客送餐等工作。这种检视工作一年至少安排一次，一次至少持续一周。

通过这项工作，领导者可以了解到除自己本职工作以外的其他工作，能够设身处地地体会到其他员工的需求和感受，以及他们会遇到的困难，最终可以更好地使每一个环节都紧密衔接。员工相互理解、相互合作，非常有利于培养团队精神。

我认为，只要团队和谐稳定，团队精神得到弘扬和巩固，公司自然就能够稳步发展。“没有完美的个人，只有完美的团队”，这绝不是一句空话。

当然，打造好团队、培养具有团队精神的员工，尤其是让那些缺乏团队精神的人重新回到组织中来，绝不是几个口号就可以喊出来的，也不是一天两天就能办成的，必须从点点滴滴做起，必须依靠管理者的领导艺术和影响力。打造一支优秀的团队，通常可以从以下几个方面来着手：

1. 营造相互信任的工作氛围

想要增加员工对团队的情感认可，就需要管理者适当放权给他们，进行人性化管理。员工获得了尊重感和安全感，就能够达到情感上的相互信任，当他可以认同公司之时，自然会将团队的事情当作自己的事情，不再计较个人得失，乐意积极承担团队任务。

2. 建立顺畅的沟通机制

如果可以做到沟通渠道畅通无阻、信息交流频繁有序，那么很多不必要的误会都可以避免，团队成员之间可以和谐相处，工作氛围处于最佳状态，自然有利于培养协作精神，工作也容易出成效。

3. 确立团队行事规范，并且慎用惩罚

想要改变一个人的行为和态度，人们惯用两种手段：惩罚和激励。惩罚往往立竿见影，但也容易导致被惩罚者心有不甘、阳奉阴违，最终还是会丧失工作热情，与团队精神背道而驰。因此，一方面，我们需要确立团队的行事规范，对那些破坏团队团结、影响工作协作的行为予以警告和处罚，坚持公事公办，不徇私、不护短；另一方面，我们也需要视情节轻重酌情处理，不能一概重罚，以免被处罚的员工冲动之下破罐子破摔。

“纸上谈兵”的人

美国著名作家奥格·曼迪诺说过：“我要采取行动，我要采取行动……此后的每小时、每一天都要重复这句话，直到它成为像我的呼吸习惯一样，随后的行动要像我眨眼睛的本能一样。听从这句话的指引，我就能够成功实现我的每一个行动；有了这句话，我就能够制约我的精神，迎接那些失败者极力想要躲避的每一次挑战。”

然而，现在很多员工在工作中急于表现自己的能力，好大喜功，扮演着只会谈兵法却不会打仗的赵括，对于落实工作的具体方法与关键措施很少费心思、动脑

筋、花精力，缺乏执行力，其结果必然会成为公司里“最不合适的人”之一。

李明大学毕业后进了国内一家中型公司，担任老板的高级顾问。李明本身很有才华，理论知识掌握得很扎实，但缺乏实践经验。每次李明去见客户时，都是讲了很多理论知识，但当对方从实践观点出发提出问题时，他就接不住了。

通过几次失败的谈判，老板也意识到了李明的问题。他要求李明以后多参加一些和客户沟通的实践工作，以积累一些实践经验。但李明还是坚持认为自己是营销方面的专家，他一定要把那些成功案例讲给客户听，这样可以取得客户的信任。可惜结果都是无功而返。工作不到半年，老板意识到当初选人的失误，最终还是请走了李明。

像李明这种只会“纸上谈兵”的员工，主要表现为：

- 表面上看充满智慧，拥有见识，谈吐不凡，看似具有谋划能力，但所说的事情常常脱离实际、过于理想主义，经常说出大话、空话。
- 喜欢去否定别人的观点、能力和成绩。
- 面临巨大、复杂的任务时，很容易方寸大乱，显得手足无措，当初的“英明”成了草率行事。
- 对事物形势判断能力比较差，真正遇到问题，不懂变通和见机行事。

一个企业的成功，三分靠战略模式，七分是靠“做”来实现。同样，对于那些只知学习理论而没有行动力、执行力的员工来说，单纯讲战略模式也只能是“纸上谈兵”。要明白，在现代企业里，“空谈”是绝对行不通的，必须在行动上下功夫。可能有些时候确实需要一些口号和宣传，但不能仅局限于喊口号、搞形式、做样子，更重要的是多思考、多研究，要抓好决策、办法、措施的落实。

若要让习惯纸上谈兵的人真正拥有出色的工作能力，管理者可以做好以下两件事：

1. 让员工学会“高效执行”

高效执行，意味着绝不能做理论上的巨人、行动上的矮子。其实，任何组织，最重要的工作就是抓落实、抓行动。没有落实，没有行动，所有的理论决策都是一纸空文。

德国《TEST》杂志对德国市场上的产品进行抽查，抽查结果让人大吃一惊，最优秀的既不是日本货、美国货，也不是德国的本地产品，而是来自中国海尔集团的产品。海尔集团约有40%的产品销往国外市场，如日本、德国、意大利、加拿大、美国、澳大利亚等国，深受消费者的喜爱。这是为什么？原因就在于海尔的质量管理严格、产品质量过硬。

在海尔集团的电冰箱生产线上，所有的工序质量都可分解为1960项质量标准。根据这1960项质量标准，海尔人自己编制了一本《质量手册》，人手一册。每一道工序、每一个人应负的责任、违反条款该受的处罚等，都有详细的说明。通过这种方式，质量就成为整个生产过程中的一个重要环节，“高标准、零缺陷、精细化”的质量观念具体落实到每个人头上，而不仅仅是一个空洞的口号。他们明白，口号再华丽，也都是空泛的，只有行动才是最真实的，只有行动起来才能产生结果。

正如张瑞敏所说：“什么叫不简单，能千百遍把一件简单的事始终做对，就是不简单；什么叫不容易，能把大家公认的非常容易的事情认认真真地做好，就是不容易。能做好不容易的事，做好不简单的事，我们的产品才能赢得苛刻的德国人的认同，在国际市场上才能站稳脚跟。”

我认为，要把各项工作落实到位，就需要每个人都具备“马上落实、马上行动”的观念。工作就是要实实在在地干，不走形式，不空谈。只要管理者坚持这种理念，养成“落实，落实，再落实；行动、行动、再行动”的工作作风，就能把企业带到更高的台阶上。

2. 帮助员工树立“从小事做起”的观念

喜欢纸上谈兵的员工往往空有抱负，总是谈未来、谈梦想，却疏于做好眼前的事、当下的事，认为大丈夫应该不拘小节，殊不知“天下难事，必作于易；天下大事，必作于细”，只有做好了一点一滴的小事，才能成就大事。所以管理者应该教导这些员工仔细去做工作中的每一件事，今天小事不愿做，明天就会大事做不了。

居功自傲的人

我接触过的大量案例显示，当一个公司从艰苦的创业期发展到取得一定成功的稳定期时，出现频率最高的问题之一便是：原先参与创业的老员工产生了品尝成功、分享成果的强烈意识，开始把精力放在追名逐利之上，不再安心工作。

这种员工的常见表现为：

- 他们往往出类拔萃，平时做事雷厉风行，执行能力很强，遇到棘手问题也能临危不乱、轻易化解。在日常工作中，他们喜欢对企业的决策、别人的方案指手画脚、说三道四。
- 他们在取得一点成就之后，会表现出强烈的自鸣得意、居功自傲与独断专权，有时候野心不断膨胀，就会萌生出带走公司的优势资源、自立门户的念头，甚至宣扬一些于企业不利的消极言论。

这些出类拔萃、绩效卓越的员工，恰恰能胜任企业中许多关键岗位，往往被委以重任。但这种类型的员工一旦被委以重任，就容易居功自傲，不断做出许多危害企业利益的事情，最终难以收场，造成企业的巨大损失。华为集团的李一男“港湾事件”就是一个典型案例。

1993年，天才少年李一男从华中理工大学少年班硕士毕业后进入华为研发部，是华为科技创新的领军人物。凭借出色的技术、业绩及领导能力，短短5年，他便进入了华为核心领导层，很快就被任命为华为中央研究部总裁、公司副总裁，之后，他又先后被任命为华为公司的常务副总裁、华为电气股份有限公司总裁。无论是技术开发、招聘计划，还是市场策划，包括全球性的市场扩张战略的拍板，李一男都是核心决策层中的一员，甚至很多时候就是直接来自他的决策。

巨大的权力极易使人野心膨胀，李一男也不例外，他逐渐不甘于人下，想要自己当老板。2000年，李一男不仅出走华为，而且还顺手挖走了华为百余名顶尖的研发和销售人员，创办了北京港湾通信公司，公司起步没两年，就达到了年销售额2亿元，还融到了10亿元的风险资本，成为华为在企业级数据通信市场的主要对手之一。

这件事就是后来人们经常议论的“港湾事件”。也正是因为这次“港湾事件”，华为本身，尤其是任正非本人感觉受到了很大伤害。

从这里我们可以看出，居功自傲的人虽然有才华，然而若是把这些才华用在非正常竞争之中，那么他所在的企业必然会牵连受害。

在当今社会，“缺少谦虚就是缺少发展”。美国黑石集团CEO斯蒂芬·施瓦茨曼说过，他挑选员工并不完全看重工作能力，是否具有和蔼谦逊的品质也是审查内容之一，“这一点比MBA学位重要得多”。对于企业来说，如果领导和员工都能拥有谦虚的心态，企业的发展趋势与企业文化便会良性发展；对员工来说，如果可以用谦虚的态度约束自己，就可以和周围的人和谐相处，在平常工作中获得协助，在工作遇到困难时获得帮助，上司对其也会格外赏识、提携。

防患于未然是处理企业员工居功自傲意识的重要原则。具体来说，企业管理者应该如何对待具有这种意识的员工呢?

1. 适当地强化组织分工的专业性

分工协作拥有诸多好处，比如提高工作效率、降低工作难度，同时，这种细化后的分工可以弱化个人对公司的影响力，让一部分居功自傲的员工不再拥有专权独断的资本。

2. 从企业文化入手，预防居功自傲心态

企业在创业之初，在建立企业文化之时，就可以制订出相关规定，比如确定企业用人与晋升的标准是依照能力而不是依照资历。同时，还要一碗水端平，为新员工搭建充足的发展空间。这都可以让老员工居功自傲的心态没有发芽的土壤。

3. 不对居功自傲行为容忍第二次

如果发现某些员工出现了居功自傲行为的苗头，就应该尽快处理和解决。

如果个别员工居功自傲行为已经形成，单纯地请他离开并不是唯一的做法，我们可以采取事后处理的办法：一个是外派学习，把危害隔离于公司之外，一个是将其调动到与其能力相适应的工作岗位上。本质上都是将其调离原有岗位，收回过多权力。假如这些变动引起了员工的抵触情绪，管理者可以给他们一些荣誉称号或者物质上的奖赏加以安抚。

如果一个员工已经变得居功自傲，而且时常以此要挟公司，这时怎么办？很简单，管理者可以与其进一步沟通，倘若沟通无效，那么就用适当的办法请他离开。

喜欢拖延的人

企业里还存在这样一群员工：其实工作并不忙，却喜欢拖延，即使是明知道现在就该去做的事，也懒得立刻动手，明明是昨天就应该完成的事，硬要拖到今天，明明是明天该完成的事，要拖延敷衍到后天。拖延，是一种很容易形成惯性、具有破坏性的恶习，一旦开始习惯拖延，不仅会让人失去很多机会，更会一点点蚕食进取心。

喜欢拖延的员工具体表现为：

- 对工作任务、工作规划充满幻想，却不愿意马上付诸实际行动。
- 领导分配任务后，凡是需要花大力气才能完成的事情，能拖就拖，能推就推。
- 工作状态十分懒散，精神状态也非常颓废，做事得过且过，做一天和尚撞一天钟。
- 个性谨小慎微，自信心严重缺乏，面对工作中的难题或遭遇到重大挫败时，先入为主地认为难度较大，自我暗示“我没有能力做好”，有强烈的抗拒逃避心理，缺乏自主工作的动力。

为什么这些员工会变得拖延？与这些人的积极性不高有很大关系。我认为，一个员工变懒散、爱拖延，多半是管理者的问题。因此，摆在管理者面前需要解决而又常不得要领的一个问题便是：如何有效地激发员工的积极性，使其尽心尽力地完成工作？

有这样一家刚创业的网络公司，规模比较小，资金实力也比较薄弱，员工薪酬相对偏低，再加上工作环境相对偏远，所以员工的流动性很大。即使勉强留下来的员工，也缺乏工作积极性。

为此，这家公司的管理者请了一位职业经理人来管理公司。这位经理人为公司量身定做了一套“明星工作法”。他请了几位业界非常有名的“工作明星”，向公司里的员工传达关于“工作明星”的工作和生活信息，使员工对这些“工作明星”的闪光点产生向往与崇拜。

这位经理人组织公司员工向“工作明星”学习工作方法和做事态度。同时，公司还为员工安排各种活动，设立以员工名字命名的网站内容和栏目，为员工“成名”提供了一个非常好的平台。

不到半年，这家公司的员工在工作态度和工作能力上都有了显著改变，工作效率和工作质量得到大幅度提升。

由此可见，一个优秀的管理者想要帮助员工克服拖延的毛病，应该做好以下两点：

1. 管理者要知行合一，为员工树立一个良好形象

美国的巴顿将军这样说过：“在战争中有这样一条真理：士兵什么也不是，将领却是一切。”这充分说明了榜样的重要性。当你身为将领，你的士兵就会受到你的影响；当你身为管理者，你的员工也会受到你的影响。如果你能拿出积极、正面的形象示人，员工也会变得积极向上。

若是经常要求手下一定要按照管理者说的去做，而管理者自已却做不到。想一

想，会不会招来员工的抱怨和不理解呢？显然是会的。作为管理者应做到知行合一，确立好目标和方向之后，你要求员工做到的，你自己也要做到。这样才会起到模范带头作用，帮助有拖延症的员工摆脱这种坏习惯的纠缠。

2. 要求员工马上落实、马上行动

考虑过多、过于谨慎，容易导致优柔寡断，这是导致很多拖延行为的直接原因。

记得有一位美国时间效率专家这样说：“面对任何任务，没有无法完成的，也没有非常可怕的，你需要的只是开始做起来，这才应该是你的关注重点，它是你抢占先机与继续行动的动力，最终带领你走向成功的就是‘仅仅做起来’。”

任何一个组织或团队的佼佼者，他们永远是说得少、做得多。因此，摆脱拖延的最好办法就是调整心态、马上落实、马上行动，在工作中杜绝“理论上的巨人，行动上的矮子”。只有当管理者确定某一行动方案后，快速地去落实工作，将自己的想法变成实际行动，才会抵制拖延病毒的侵袭，才会让整个团队齐心协力，朝着共同的目标前进，实现自己想要的结果。

管理者可以通过完善人员管理制度，对喜欢拖延的员工进行监督约束，对分派的任务提出具体要求，限定完成的内容、完成的时间，并且设立相应的考核制度，逐渐引导他们养成良好的工作习惯，提高企业的整体工作效率。

不服管的孙悟空式员工

每个企业的团队里都有个性十足的属下：他们工作能力突出，想象力、创造力丰富，但唯一的缺点就是不服管。面对这样特立独行的员工，一些管理者头疼不已。如果让他们留下，有可能会影响团队其他成员的工作积极性；如果让他们离开，作为管理者又很需要这类员工给自己出谋划策，而且他们往往也是公司中的精英。

这种员工的最主要特征是：

- 比较聪明，个性鲜明，有创造力，敢想敢做，做事不拘于形式。
- 在小团体内有一定的号召力和影响力，为人讲义气，群众基础比较好。
- 爱表现自己，工作中表现得自由散漫。
- 喜欢刁难、挑事，经常在公开场合和管理者顶撞，让管理者下不来台。
- 有时狂妄自大、心高气傲，无视公司里的制度和规则。

说起这种员工，大家最先想到的肯定是《西游记》里的孙悟空。唐僧带着孙悟空、猪八戒、沙僧，师徒四人去西天取经，一路历经磨难，最后修成正果。这其中谁的功劳最大？当然是无所不能的孙悟空了。他在西天取经的路上，开山拓道，降妖除怪，一路上与师弟合力保护唐僧，经过了九九八十一难，最后终于取得真经，可以说是功劳巨大。

可是孙悟空虽然能力超强，但却十分不服管教。他踢倒炼丹炉，弄出火焰山，反而为唐僧等人的西行之路设置了不少障碍。师徒两人经常因为意见不合而闹矛盾，很多次唐僧都把孙悟空赶走了，可是他发现没有了孙悟空，自己真的寸步难行。没办法，他只好请出观音菩萨给孙悟空戴上了一个紧箍，这样孙悟空的烈性脾气才收敛了一些。

在企业里是不是也有这样的员工？他们像孙悟空一样才华横溢，是企业创新的促进者，却因桀骜不驯，成为企业的不安定因素。面对这种个性化很强的员工，管理者该怎么办呢？

答案是两个字：调整。因为金无足赤，人无完人。像这样的员工，虽然平时总惹些小麻烦，但并没有故意在禁止性条款面前顶风作案，所以用不着小题大做、痛而杀之。我们可以采取以下方法：

1. 冷静应对，对症下药

遇到爱与领导顶撞的员工，管理者既不能退缩和搪塞过去，也不能顺着对方的情绪走，针尖对麦芒地批评对方。正确做法是：先冷静下来，戒骄戒躁，不要强行跟他们争论、解释，要把精力放在根据对方的个性特点慢慢找到应对策略上。

有的员工能力强、脾气倔，这是他们的性格使然。对于这样的员工，一定要掌握好时机进行深入沟通，交谈时也要注意措辞和分寸，争取不明着点破，让他自己去认识到自身的缺陷。

有的员工是态度上有问题，管理者可以直言不讳地指出其问题所在，同时要看他的表现。说不通和改不了的，就要坚决请他离开。

有的员工性格比较较真，他们往往为了反对而反对。对于这样的员工，管理者在给予引导的时候别忘了强调："你是独一无二的，你的思想和想法都很有见地，也很宝贵，但是也要考虑到周围人的感受。"类似这样的话，他们会更乐于接受，也觉得很受用，会在无形中认同你。

2. 运用支持式和授权式加以引导

面对这类工作能力很强的孙悟空式员工，如果管理者只是把他当作一个普通员工来看待的话，那么他的能量只能发挥一小部分，另外绝大部分能量根本发挥不出来，慢慢就会消磨没了。同时，他肯定也会不舒服，觉得自己的能力很强却不受重用，对这种逆来顺受的氛围不满，工作积极性就会被挫伤。

第一，管理者应该给予支持。没有人生来就是喜欢钻牛角尖的，管理者应该给予充足的尊重和耐心的引导。对于这类员工的突出表现，该褒奖的时候就不要吝惜美言，让其在协作过程中享受满足感，同时还可以创造出一个真实情境，让他能够将心比心地体会"别人也需要获得同样的尊重和理解"，那么想让他以一种谦逊平和的状态融入团队里，就不再是棘手的事情了。

第二，管理者应该学会授权。大胆地对这类员工委以重任，让他们能更好地开展工作，可以充分激发他们的自主性，增强责任意识和使命感，自我管理能力也会随之增强。但仍需要避免过度授权，可以建立监督机制，免得孙悟空式员工越权而为。

9种不适合公司发展的员工就像企业中的“流行病毒”，
若不及时干预，
极易给公司带来隐患。

而接下来我们要重视的员工问题，
是企业人才结构的必要组成部分中出现的“缺陷问题”，
员工并无危害企业的恶意，
只需管理者加以协调和引导。

2.2 小白兔式员工，一步步毁掉你的公司

小白兔是什么样的？我们在生活中都会有这样的体验：小白兔很乖巧、很可爱、人畜无害，可是你想得到它有什么真本领吗？它有熊的力量吗？它有狼的捕猎能力吗？答案是，没有。

和小白兔一样，职场中也存在这样一大批员工，他们平时的工作态度不错，对人热心，价值观也与本公司相匹配，但就是个人能力跟不上，业绩水平只是马马虎虎。也就是说，这样的员工没有什么真本事，只靠一副好态度混饭吃。我们称这样的员工为小白兔式员工。小白兔式员工最早是阿里巴巴的马云提出来的。他认为，小白兔式员工就是公司里的平庸者。这些人愿意跟公司干，但是个人能力平平，业绩平庸，不能为公司创造更多的价值。

今日资本的“风投女王”徐新多次在公开场合解读团队管理中小白兔式员工的问题：“小白兔是最难的，跟着你很多年，兢兢业业、勤勤恳恳，就是没有业绩。干掉它，你好像有点心软，做不到，但是我告诉你，如果你不干掉小白兔，对你的危害是非常大的。”

从表面上看，小白兔式员工无伤大体，甚至管理起来得心应手，但正是因为他们的存在价值是建立在获取上级和同事的喜欢上，而不是以工作价值为核心，所以这些小白兔式员工可能给公司带来消极的影响，而且等管理者发现问题时，情况往往已是积重难返了。

其一，根据温水煮青蛙理论，在不温不火的工作氛围的影响下，公司里能力出众的员工也会逐渐变成能力平平的“小白兔”。久而久之，整个公司就会彻底失去战斗力，失去市场机会。

其二，一旦“小白兔”形成了兔子窝的企业文化，其破坏力更是巨大。巨人集团董事长史玉柱一针见血地指出：“兔子人缘好，讨大家喜欢，但它不出业绩；兔子最爱繁殖，比谁都爱繁殖，不停地繁殖，找同类，生出大量小白兔，形成兔子窝，霸占着岗位、资源和机会。”

当“小白兔”在公司里熬久了，就会变成“老油条”。他们遵从领导安排、服从公司管理，每天按时上班，按时下班，过着朝九晚五的生活。时间一久，他们就会宠辱不惊，出工不出力。当他们靠着学历和资历成为公司的中高层后，就会继续霸占公司资源——机会和岗位。当他们升到自己不能胜任的职位时，就会造成更大的资源浪费。

其三，更为可怕的是，他们还会对公司里那些有能力、实干的非“小白兔”员工进行各种刁难，最后是真正优秀的员工都离开了，从而腾出足够的空间给这些小白兔。而且，很多优秀的人才往往也不愿意与平庸者在一起工作——平庸者总是成事不足、败事有余，把工作搞得一团糟、无以为继。所以，这些优秀的人才不会在这样的公司里浪费自己的宝贵时间，他们会找机会寻求更适合自己的公司。这其实是小白兔式员工对本公司的一种变相剥削和吸血的过程。

奇虎360公司董事长周鸿祎曾在微博上公开抨击小白兔式员工，他说：“公司部门领导和人力资源部门定期清理小白兔员工，否则就会发生死海效应：公司发展到一定阶段，能力强的员工容易离职，因为他们对公司内部的愚蠢行为容忍度不高，他们也容易找到新工作；能力差的员工更加倾向于留着不走，他们也不太好找工作，年头久了，他们可能变成了中高层管理者。这个现象就叫作‘死海效应’。好员工像死海的水一样蒸发掉，然后死海盐度就会变得很高，正常的生物不容易存活。”

这时应该怎么办呢？史玉柱在巨人员工大会上这样讲：“巨人在取得成功后，企业内部开始出现越来越多的‘兔子’，阻碍了企业的发展，所以要全面实施狼文化，赶走‘兔子窝’。”

但是，处理小白兔式员工往往是最难的。因为很多管理者一直抱着这样的观念：“小白兔”虽然没有功劳但也有苦劳，自己不忍下手或者无从下手。他们很担忧，一旦问题处理得不好，容易激起普遍的同情，让其他员工觉得“这个老板有点冷”。

管理者应该如何让小白兔员工进化、摆脱现状呢？

1. 实行“双开”，即先开发，后开除

有一家公司，正值样品开发的高峰期，样品室的工人却在此时向高层提出涨工资，有点要挟的意味。当时公司总经理在外地开会，工人们没有得到结果，就一起罢工了。总经理回来后听说此事，二话没说直接把样品室所有参与罢工的人员全部开除，只留下一名技术人才。然后总经理花高价把产品外包，这样才解决了样品问题。

很多员工私下里不理解，为什么经理宁可高价雇用外人，也不给员工增加工资呢？这个经理太不近人情了。后来，总经理的一句话让所有参与罢工的人闭嘴了：“此次罢工让公司损失了80万元的订单。”

可为什么那名技术人才能留下，而其他员工却不能留下呢？事后，人们才从总经理秘书那里得到答案：不是经理看不到你的辛苦，而是他觉得你的辛苦对公司没有意义；不是经理不愿意给你加薪，而是他觉得你还不够资格；不是留下来的人运气好，而是他的技术和能力更出众。

优胜劣汰是自然界的生存法则。这个总经理看似冷血，但他正是用铁血手段让公司得以正常运转。在他看来，“小白兔”员工不仅仅在技术上没长进，而且在公司最危难的时候要挟公司，这是不能容忍的。

在处理小白兔式员工的时候，最好是软硬兼施。

在职场之中，提升员工个人价值是一件很重要的事情，做好这件事，员工也会在工作中发挥出更多的潜力、取得更好的成绩。从另外一个角度，我们可以这样理解，很多“小白兔”是放错了位置的人才，因为价值观比技能要难改变得多。所以，“小白兔”也可以变成人才。管理者起码要给“小白兔”提供一次到两次的换岗机会。

如果这些“小白兔”实在培训不了、屡教不改，我们再开除。以开发为先导，以开除为补充。管理者可以告诉员工：“你们是愿意被开发，还是被开除？全要靠你们自己把握。”如果不开除，一味地给面子、给机会，就会造成“劣币驱逐良

币”的现象，企业迟早会毁在这些人手里。

将这些“小白兔”开发或开除，是为优秀的人才创造一个良性的发展空间。就好像是农民种庄稼，只有拔除了庄稼周围的杂草，才会有好的收成。

2. 逐渐淘汰掉小白兔式员工

可能有的管理者碍于面子，不能马上开除这些“小白兔”。马云有一个好办法，那就是逐渐淘汰。他认为，“小白兔”有着良好的工作态度，但是他们的存在又极大可能会浪费资源。所以，我们可以通过后期考验对他们的去留做出选择。马云在阿里巴巴内部实行“271”的管理政策，即在一个公司中20%是优秀员工，70%是良好员工，10%则是一定要淘汰的员工。这其实是对“小白兔”实行的一种有步骤、有秩序的“优胜劣汰”机制。

2.3 公司常见“胸怀鸿鹄之志，手无缚鸡之力”的新员工

在招聘新人时，管理者一般会通过一系列考查选拔出综合成绩排名靠前的员工，但这并不能说明招聘工作就此结束了。在试用期内，管理者和新员工双方都在进行“磨合”，合不合适只有在实践后才能得出结论。

如果管理者招错了人，新员工表现出“胸怀鸿鹄之志，手无缚鸡之力”，即新员工在试用期内的工作绩效并不理想，或者实际工作能力和面试时有出入，又或者看不出新员工的工作积极性等，就会让管理者认为新员工并不适合这项工作，更不适合这个团队。

当管理者发现自己的招聘出现重大失误时，就必须狠下心来，马上行动，让不合适的新人快速离开公司，不能极力避免辞退、硬着头皮顶着。如果这个问题持续发酵过久，它会成为一个定时炸弹。就长远发展而言，不管是企业还是个人，都会受到伤害。

通常情况下，一个员工进入一家企业多会经历实习期和试用期两个阶段。那么，管理者如何在实习期和试用期辞退那些不适合公司的新人呢？

1. 实习期的新人辞退工作

学生在校期间到一些单位参与实践工作的过程，人们称为实习。其主要身份还是学生，而不是单位的正式员工。实习期间，仍属于学校管理范畴，与所在的实习

单位不构成劳动关系，因此实习期不受劳动法规的保护。

《关于贯彻执行〈中华人民共和国劳动法〉若干问题的意见》第12条规定："在校生利用业余时间勤工助学，不视为就业，未建立劳动关系，可以不签订劳动合同。"所以，如果管理者感觉实习的学生不适合公司，可以直接支付其工作报酬、安排离职交接。

2. 试用期的新人辞退工作

试用期是指用人单位和劳动者双方相互了解、确定对方是否符合自己的招聘条件或求职条件而约定的不超过6个月的考察期。这和实习期不一样，试用期是受劳动合同保护的。

根据相关劳动法律规定，在试用期间，被证明不符合录用条件的员工，企业是可以解除劳动合同的。但是，除了员工自己提出辞职的，其他基本上都需要予以赔偿。如果不赔偿，怎么办？有的老板可能会通过各种各样的办法，让员工自己走人，比如变相调岗、突然加大工作量、让员工"犯错"等。其实，这样的方法是很多聪明的老板最不情愿去做的。

对于不适合公司的新员工，怎样去找到他们不胜任或不适合的证据呢？管理者可以从这几点入手：一是考查员工在求职时是否提供了任何虚假信息；二是在设定工作目标计划、工作成效表的时候，务必严格严谨；三是制订试用期绩效考核评估制度，并且在施行中不断完善；四是保留好各项法律文件以备不时之需。只要掌握了这几点，管理者就能正常执行对不合适新进员工的辞退手续了。

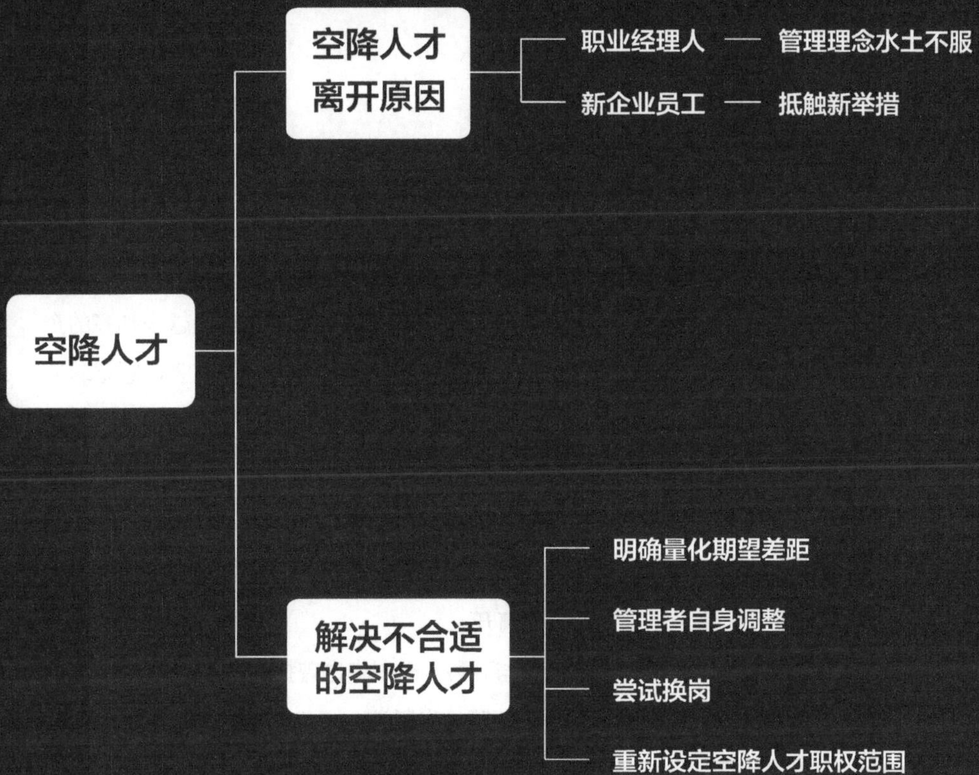
空降人才
空降人才离开原因
职业经理人
管理理念水土不服
新企业员工
抵触新举措
解决不合适的空降人才
明确量化期望差距
管理者自身调整
尝试换岗
重新设定空降人才职权范围

2.4 被寄予厚望的“空降人才”为何总是夭折

如今很多企业因为管理理念和工作方法的封闭而走向衰败，也让越来越多的企业老总认识到：企业发展需要不断注入新的“血液”。因此，一些管理者愿意聘请空降人才——职业经理人，请他们来解决企业问题，带领企业突破“瓶颈”，帮助企业更好更快地发展。

虽然通过专业猎头推荐的职业经理人能及时空降到企业，但这些空降人才真的能适应新企业的环境吗？我原来做过很多相关调查，发现相当一部分被推荐来的空降人才往往会因为“水土不服”而被迫离开。

万科的王石在其《道路与梦想：我与万科》一书中也曾提到：“（1987年）万科原来的管理团队成员来自机关、学校、部队、出版社……包括我在内，都没有运转一家商业企业的经验。表面上，生意红火，企业管理却很粗放……第一次引进专业人士，却以失败告终。这场风波给我的教训是，在管理团队的改造上，引进‘空降兵’是容易的做法，但却孕育着很大的风险，如何使新老团队融合，思想融合要比技术层面的改善更为重要。价值观是第一的，一旦新老骨干的价值观念相左，发生冲突就无法弥合。”

我们身边就有很多活生生的案例。比如，从微软空降至TCL的打工女皇吴世宏、从惠普空降到北大方正集团的李汉生、从爱立信（中国）空降至亚信的张醒生、从宏道公司空降到用友的何经华等很多在国内外都非常出色的职业经理人，他们在跳槽到新单位后因为不适应新企业的环境，最后被迫离开。这些是值得管理者去反思、去探讨的。

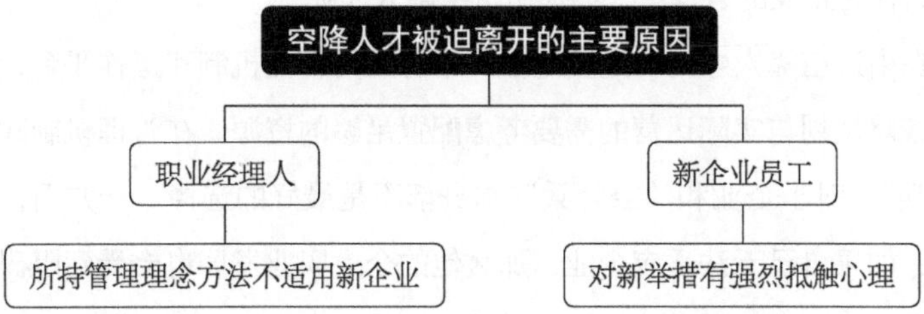

企业存在自身解决不了的问题时，才会招聘空降人才。然而，很多空降人才往往是“新官上任三把火”，一进来就要大刀阔斧地改革，急于求成，却并不能取得好的效果。一般来说，空降人才都是高级人才，懂得很多国内外先进的管理理论与方法，但是这些东西并不完全适用于所有企业。一个空降人才要想有效地领导新企业的员工，必须因材施教，根据新的环境和新的企业文化，去调整管理理念与方法。否则，就会形成无效管理，像上面那些职业经理人一样，最后不得不离开。

从某种意义上来说，空降兵的出现就好像是“半路上杀出个程咬金”，是救企业于危难之中的外来和尚。这样一个外来的和尚要着手解决企业多年沉积下来的疑难杂症，不仅要求又多又高，而且老板因为心急治病，大多不会给他们太多的时间和耐心。在这种情况下，变法意味着什么？意味着既得利益不仅被突然打破了，而且还要进行再分配，企业中原有的人尤其是那些元老级人物可能产生抵触情绪，因此产生的阻力肯定不小。这里我们也可以看出，“空降兵”本身也是一个高危职业。

有的人可能会问，为什么那些外国企业进入中国以后，请中国的经理人担当一些重要的职位，做得都比较好？

这个道理很简单，外企与国内企业的主要区别在于管理机制。外企将自己的触手伸向中国之后，他们最先完成的不是发展企业、增加业绩，而是把他们的管理体系在中国进行成功复制。无论将来是谁来任职，只要这套用人机制得以落实，那么他都可以按照管理体系的要求顺利运作，这是一种透明的、显性的管理。而国内企业的管理并不如此，是企业摸索出来的，只有少数几个重量级人物知道其中的深浅和规律。由此可以看出，对管理体系进行改革是很重要的，但做好管理体系的显性化是更加重要的。

那么，作为企业的管理者，如何引进空降人才呢？

企业在引进空降人才时一定要建立一个有效的管理机制和运作平台，并且要根据企业的战略规划与实际运营的需要考虑配置足够的资源。在管理机制建立之前引进“空降兵”，对于企业和“空降兵”本身都不是最好的选择。一方面，在“空降兵”看来，如果自己无法适应企业，那么他的个人职业发展也会受到阻碍；另一方面，在企业看来，自己所做的一切不过就是消耗了大量资源却得不偿失。这套管理机制如何制订，应该根据企业的实际情况采用不同的管理模式。

如果这个“空降兵”进入公司一两年后，管理者发现他并不能胜任工作，令人失望，想让他离开，那么可以按照以下几个步骤行事：

1. 拿出明确量化期望差距

假如一个“空降兵”与管理者的期望存在差距，这时管理者可以将这种差距明确量化出来，量化到具体的事件上。有了实际的、量化的具体数字，就很能说明问题了。比如说，管理者可以明确地告诉他，在哪些方面他还没有达到企业的期望，这些量化、合理、确凿的数字就是管理者辞退一个人的摊牌依据。

2. 管理者进行自身调整

假如“空降兵”没办法适应这个企业的文化氛围、权力架构、游戏规则，有可能并不是他的问题，问题应该出在企业本身，这就要求管理者重新调整自己，再给“空降兵”一个机会。

3. 尝试换岗，发挥出空降人才的实际能力

如果以上尝试都不行，管理者可以帮助他换岗。请一个人进入企业高层并不是一件容易的事，也许是管理者把他放错了位子，为什么不给他换个岗位试试？在换岗过程中，可以重新调整他的薪水，但要以前面的量化数据为依据，否则很难让人心服口服。

4．重新设定空降人才的职权范围

若是实在没有岗位可调，薪水也不能再低，这时可以考虑缩小他的职权范围，聪明人一看就明白自己不能继续在这里待下去了。空降人才会尽快另谋高就，双方仍然保持良好关系。

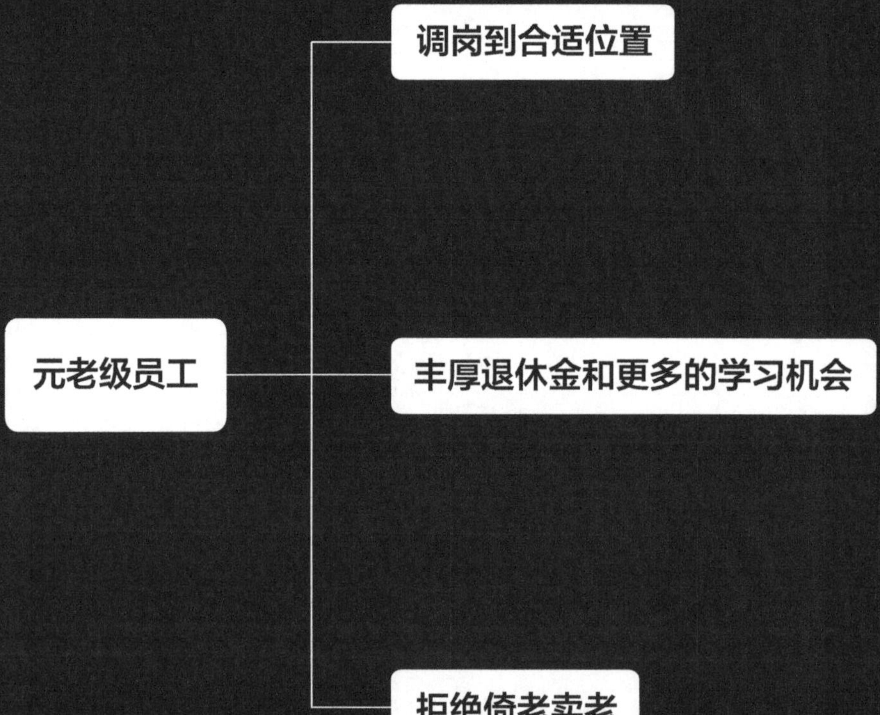
元老级员工
调岗到合适位置
丰厚退休金和更多的学习机会
拒绝倚老卖老

2.5 打破元老级员工的岗位垄断

有人说："企业的发展过程，就是一个不断淘汰功臣的过程。"这话听起来有些残酷，但它确实是一个企业稳健发展必须经历的过程。无法正确处理老员工，企业就有可能被整个市场淘汰。外部的残酷决定了内部的残酷。

企业的每个成长阶段都会有一批元老、一些功臣。这其中，有的元老和功臣能够与时俱进、积极向上，他们是企业的核心。

华尔街五大投行之一的高盛集团里有这样一位理财经理，他的名字叫费尔德。他在这里任职了80年，可以说是华尔街在同一家公司服务时间最长的老员工了。

"当时我离'被裁'只有一步，很高兴最终裁员没有轮到我。"费尔德这样说。

为此，高盛还特意表彰了这位任职时间最长的员工。在庆祝大会上，公司执行总监布拉克·费恩说："华尔街吸引了一批又一批的年轻人，不过在这里工作需要符合一个很重要的条件，那就是经验、判断力和历史感，这是谁也代替不了的。"

尽管现在的费尔德已经是一大把年纪，但他每天还是养成良好的习惯：早上6点半起床，然后经过一个半小时的车程，在股市开市前抵达办公室。即便此后他没有再持有客户名单，他依然在这个理财部门扮演"大使"的角色，并且自愿给一些新员工们担任顾问和导师。

费尔德对公司的年轻人说："每天获得一点进步，终有一天你将拥有这一切。"

像费尔德这样始终能与时俱进的老员工，任用与奖励都不是问题。因为这样的人是企业的财富，甚至指引了企业的核心价值观和风气。在我看来，拥有这样忠诚善良的老员工的公司，都应该有如获至宝的感受。

但企业里有很多老员工可能会遭遇到成长“瓶颈”。他们之所以会遇到“瓶颈”，大多数因为个人的成长速度跟不上企业的发展速度。也有一部分企业的元老级员工从进入公司开始就把心思全都扑在工作上，在纪律方面没有被严格要求过，所以早已将“自由自在”视为常态和特权，但是等到企业不断发展、规模逐渐壮大、制度也慢慢健全之后，这些元老却无法赶上公司的发展步伐，甚至有的人会明知故犯，还不服从处罚，也有的老员工会打压新员工，最后导致冲突不断。

如果一个老员工的个人成长跟不上企业成长，管理者应该如何处理呢?

1. 调岗，放在合适位置上

有些老员工，虽然他们不是很聪明，但为人品行端正，做事积极主动。这时管理者在任用这类元老时应考虑技巧，做到知人善用，把他们放在合适的位置上，有时甚至可以委以更高的虚职，负责相对来说不重要的事情，不要让这些元老影响新人的发挥。

在这方面，宝马公司做得很好，他们鼓励一些积极上进的老员工通过承包经营或实物投资的内部创业模式，将一些非核心业务和资产剥离出去，既让老员工有用武之地，又保证了核心业务拥有良好的发展环境。

2. 丰厚的退休金和更多的学习机会

有一些企业处理公司元老的方式，是给他们足够的钱。他们可以把这些钱当作退休金，从此颐养天年，也可以用这些钱去参加学习、为自己充电，利用新思维、新技能为企业继续服务。

3. 拒绝倚老卖老，请他立即离开

那些跟不上企业成长、同时又不愿意接受企业安排或不想学习成长的老员工，以及那些倚老卖老、妨碍公司发展的老员工，应该及时请他们离开。

有些老板跟我说 :“虽然是这样，可是却狠不下心来。”为什么会这样? 人情在

其中起了很大作用，毕竟这些元老是为公司做过贡献的人，请他们辞去现在的职务，这样的话说不出口。一旦解决不好，就有可能会伤了元老的心，也可能会阻碍企业的发展。这时管理者就要找一个双方都认可的方式，给予老员工足够的补偿，请他体面地离开。

那么管理者如何正确处理这些要离开的公司元老呢？管理者可以采取股权激励（如股票期权、期股、限制性股票等）和现金补偿双向并举的方式，让这些元老心甘情愿地离开现在的岗位，为企业里的核心员工让出位置，之后他们仍能过上体面的生活。比起单纯的股权激励和现金补偿，这种方式的优势极为明显，在进行方案设计时也可灵活多变，可操作性强。这应该是管理者在处理元老离职问题时的首选。

而且我认为，在消除元老负资产效应的行动中，应该同时对下面这些正资产效应予以保持和发扬。其中，股权激励方式就可以实现这点，当元老的身份从高管变成股东之后，他的收入依然与公司的业绩直接相关，这可以让他们保持对企业的关注和忠诚，充分发挥其正资产效应。

负资产效应	正资产效应
能力不足	对企业有深厚的感情
故步自封	对企业高度的忠诚
倚老卖老	对企业文化的高度认同
把持高位	有丰富的业务知识和经验
反对变革	拥有良好的客户关系和人脉
……	……

假如你有聪明，请你拿出来；

假如你缺少聪明，请你流汗；

假如你既缺少聪明，又不愿意流汗，

请你离开。

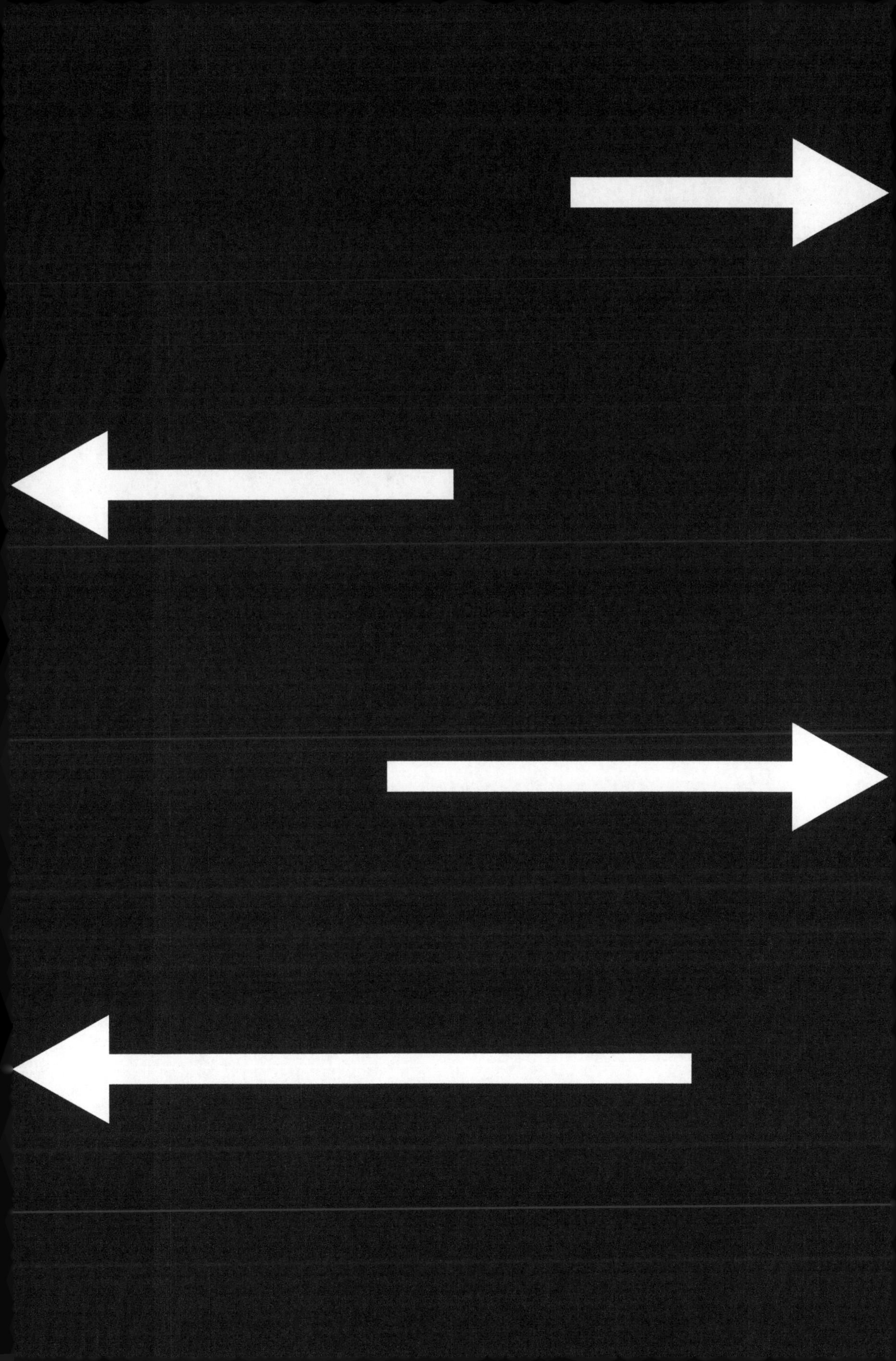

第三章 离职如分手，体面是一种格局

离职员工的工作体验具有两面性，作为积极的一面，它可以成为原公司的形象宣传，吸引更多的优秀人才；作为消极的一面，若离职员工发起攻击，就会给原公司造成无法估计的负面影响。一个聪明的管理者从来都是把离职员工当朋友，而不是对手。而且，管理者要考虑如何做好离职成本管理，把企业的风险降到最低。

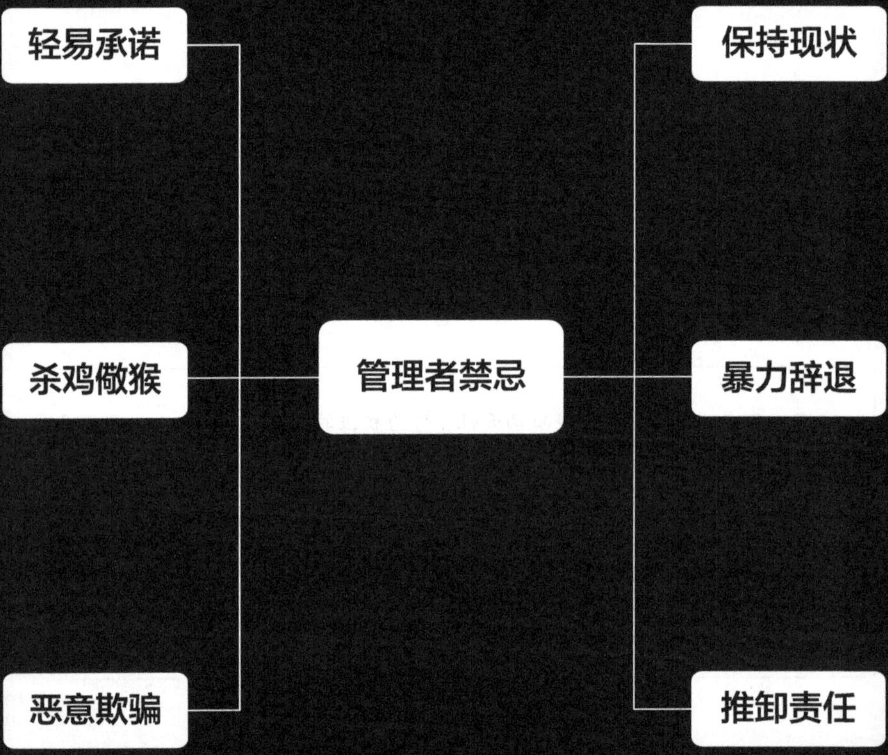
管理者禁忌
轻易承诺
杀鸡儆猴
恶意欺骗
保持现状
暴力辞退
推卸责任

3.1 员工离职时，管理者最不应该做的6件事

第1件：保持现状

如果企业的员工不认同企业文化，如果企业的员工是处于工作能力衰退期的公司元老，如果企业的员工是缺乏责任感的人……管理者是马上请他们离开，还是调整岗位，还是保持沉默呢?

在管理通用电气时，杰克·韦尔奇推行的是“不升职就离职”的管理模式。在这种“你要么在组织中升职，要么离开组织”的管理模式下，每年都会对员工进行一次评估，排名落在最后的、占员工总数10%的员工，他们的命运是被辞退。

对于大多数管理者来说，不适合公司的人就应该马上让其离开，或马上将其调岗，也有个别管理者会选择保持现状，听之任之，甚至期望事态能自己发生转机。我认为，无论是裁员还是辞退，都是让企业不在负重的状态下前行。管理者本着对企业负责、对事业上心的态度，绝对不能对企业当下存在的不良现状视而不见、充耳不闻、放任自流，要通过果断裁员让企业变得更加高效。

管理者如果对那些不合格，甚至有问题的员工保持沉默，可能会发生两种情况：第一，如果管理者没有及时采取必要的措施来解决问题，问题不会自己消失，它会被堆积在那里，甚至继续恶化，比如，其他人也会“照葫芦画瓢”，破坏整个

企业的文化和风气；第二，其他员工发现管理者是一个喜欢消极处理问题的弱势领导，也就不会再敬重他，不再尊重企业的规章制度。

管理学上有句话比较经典：没有不合格的员工，只有不合格的管理者。事实上，已经认识到企业出现问题却还选择保持现状的管理者是最差的管理者。为什么这样说呢?

首先，现代企业在人才选用上会制订严格的考核程序和手段，如果一个企业里存在着大量不合格员工，这说明管理者没有把好招聘关，在识人和用人上是有漏洞的。

其次，再完美的招聘制度和筛选程序，也无法杜绝不合格员工的存在，这是一个客观现实。但是如果企业有自我修复功能，就可以把这些不合格员工通过培训等手段，不断地进行修正，帮助他们提升个人技能。这个自我修复功能的形成与否及其有效程度，也与管理者的管理能力息息相关。

一个优秀的管理者应该在问题失控之前尽早着手处理。若是已经使用了筛选任用人才和培训提升人才的方法，然而还是无法解决问题，这就需要启动“淘汰机制”，及时请不合适的人离开。

第2件：暴力辞退

对于企业来说，暴力辞退最容易出现风险，无论如何管理者在辞退员工或裁员时都不能使用暴力手段。

小张最初在一家国企上班，后来不甘心于这样平平淡淡的生活，于是他果断跳槽到一家旅游网站。在这里，他感觉工作很有意思，工作也更加卖力。可是几个月后，这家网站完全没有预兆、事前也没有沟通，就以“不适合该公司”的理由将小张直接辞退了，而且没有任何说法。这次离职过程中，小张只用了不到一个小时就办好了全部手续，完全没有任何反应时间。在小张看来，这样的离职过程完全不是应该有的流程，简直就是暴力辞退。小张认为网站的这种行为很不负责任，于是一纸诉状将这家网站告上了法庭。

有些无良企业惯用的手段就是“狡兔死，走狗烹”。正在运作某个项目时，需要大量人手，就开展大规模招聘，吸纳优秀员工。一旦项目结束，不管是成功还是失败，公司的运营不再需要这么多人力资源时，就会采取暴力辞退的方法，将“多余”员工“一脚踢开”。暴力辞退看似速战速决、一劳永逸，实则后患无穷，这种不近人情的做法极易招致员工的反抗和报复，并不是所有员工都是任人宰割的羔羊，大多数气愤难平的受害员工都会拿起法律武器维护自己的权益，到时候赔了夫人又折兵的就一定是管理者和企业本身了。

一个聪明的管理者，无论是在管理上还是裁员上，都不会采用暴力手段对待自己的属下。阿里巴巴的马云认为，辞退员工的时候应该做到“心要慈，刀要快”。华为总裁任正非也就这一问题发表过看法：“低绩效员工还是要坚持逐渐辞退的方式，但可以好聚好散。辞退时，也要多肯定人家的优点，可以开个欢送会，像送行朋友一样，让人家留个念想。也欢迎他们常回来玩玩。”

前不久，我看了一个名叫《在云端》的电影，电影里的男主人公叫瑞恩·宾厄姆，他每天的工作就是飞往世界各地去辞退员工。在谈判前，瑞恩会充分了解员工的资料。让我记忆深刻的一个片段是瑞恩对一名员工说了这样一番话：“我知道你的梦想不在这儿，是想去郊区开一个咖啡馆，我们决定辞退你，不是因为你不好，我们还会给你一部分补偿，你可以用来实现自己的梦想。”

因此，我建议公司的管理者即便是想尽快搞定辞退事宜，也应该多站在员工的角度思考问题，采取人性化的手段去协调，这样会使辞退谈判变得容易得多。

第3件：推卸责任

我在参与一些裁员事件时，经常会发现很多人事经理或者部门经理在与被辞退员工进行沟通的时候，表现得很无奈，比如语重心长地说："其实我觉得你做得挺好，但老板说不要你了，我也没有办法，我只是在执行领导的决定。"

我反倒觉得，像这样只知推卸责任的管理者是最应该被辞退的人。因为辞退员工是出于公司经营考虑的公司行为，并非由管理者之间的人际关系所决定，能说出这番话的管理者明显缺乏岗位意识和责任意识，本身就不合格，也就没有能力去管理好别人。

还有的管理者在辞退员工时，明明是公司的责任，他们会转嫁到被辞退者的身上，这让辞退者非常不舒服，后期的诉讼自然也就不能避免了。

李海在一家大型工厂工作。有一次，李海为工厂修机器，结果因为一名员工操作失误，直接导致机器把李海打伤。医院检查后，确诊李海全身多处受伤，必须静卧至少2个月，而且有可能会留下后遗症。

后来因为工厂急需工人，所以行政主管决定辞退李海并给予相应补偿。李海体谅到工厂的难处，就同意了。行政主管拿出一张协议书，让李海签字。李海一看，上面这样写道："李海在车间工作期间，因本人操作不当导致受伤，与工厂方面没有任何关系。"这让李海很愤怒："我是为工厂修机器受的伤，这是工厂的责任，这个文件我不签。"

随后，李海联系了律师，准备起诉厂方。据李海的律师表示：以李海现在的情况来看，肯定是可以胜诉的，只是不知能争取到多少赔偿。如果医生确认李海的工伤会引发后遗症，今后10年内都有可能无法正常工作，那么工厂方面必须赔偿他10年的工资和社会保险。这个金额是厂方此前提出的15000元赔偿款的几十倍甚至上百倍。

该企业因为推卸责任而面临巨额赔偿的可能性，这显然是得不偿失的。我们经常会遇见一些不开窍的管理者，在辞退员工时，他们总是为了保护自己的利益，站在自身角度去分析问题、解决问题，试图推卸责任，把一切过错都归结到员工身上，以此来刺激员工"引咎辞职"，甚至让员工主动放弃本应该得到的赔偿。这种习惯性思维却反倒让他们失去了寻找解决问题的最佳时机和方案。

在企业中，相对于管理阶层，普通员工属于弱势群体，没有什么话语权。所以在制订辞退决策时，管理者一定要充分考虑员工的感受。如果辞退工作没有预想的顺利，出现了波折和抵触，就要学会站在被管理者的角度思考这件事的根本原因，是管理方法存在不足之处？还是给出的辞退理由不够充分？这样才能对症下药地加以处理，一味地推卸责任只会导致双方关系进一步破裂。

作为管理者，不仅是在辞退员工方面不能推卸责任，在公司管理上更不能推卸责任。近朱者赤近墨者黑，这个道理大家都懂。当管理者每天给员工灌输责任感时，本身先要在心中牢固树立强烈的责任感意识。否则，一旦管理者形成了推卸责任的行事作风，那么他手下的员工又能有多少责任心呢？推卸责任的风气也许会像病毒一样，慢慢侵入企业的身体中。假如发展到病入膏肓的程度，员工们出于自我保护意识，会产生从迎难而上到知难而退的心态大转变，每个员工都养成了扯皮推诿的习惯，不愿负责、不敢负责，那么投入工作中的积极性也就逐渐降低，工作效率更是无从谈起。

第4件：恶意欺骗

在辞退过程中，也有极少数管理者为了避免公司损失，会想出一些馊主意，故意欺骗员工主动离职，甚至是恶意欺骗、无偿使用部分劳动力。这种做法是可耻的，也是要承担相应法律责任的。我们先来看看下面两个案例。

案例一

藏猫腻的单子

小马毕业后在一家IT公司任文员。试用期内，小马工作努力，业绩出色。可是在试用期还没有结束时，她却收到了公司的辞退通知。这让小马很不理解。她也没有在主管那里得到明确答复。

小马去问公司人事，人事给了她几个单子，说把工作和办公用品交接一下，小马当时也没有仔细看就签了。签完字后，小马再次追问公司辞退的理由，并请公司提供她不适合这份工作的证据，结果公司提供不出来。小马没办法，只能要求公司按《中华人民共和国劳动法》(以下简称《劳动法》) 支付她试用期两个月的工资。可公司人事却说，她是自己同意离职的，刚才签的单子里面已经包含了这一条，所以没有赔偿。这下小马愤怒了，她觉得自己被欺骗了。

案例二

建筑公司的诈骗

一家建筑公司承包了城区一系列拆迁工程。为了减少额外开支，这家公司对外招收了80名工人。公司规定这些工人的试用期为半年，承诺试用期满时，会与合格员工签订正式劳动合同，试用期间固定工资每人每月3000元。很多工人觉得这是个不错的机会，于是都卖力地干活。

结果试用期结束后，这家公司却以这些工人不能胜任高空作业为由把他们集体辞退了。后来，又采用了同样方式招进了几批工人，直到完成承包的拆迁工程。

我们来看，案例一属于公司故意欺骗员工主动离职，以逃避发放补偿金；案例二属于用人单位恶意欺骗员工，明显是违法行为。

请不合适的人离开公司是不可避免的，也是无情的。但是不论员工有无过错，公司都不应该对被辞退员工进行欺骗。管理者应该认真对待每一个被辞退的员工，做到无情辞退、有情送别，履行管理者应尽的义务和社会责任，做到仁至义尽。

当年，美国贝福伦特医疗中心被圣安东尼健康中心吞并时，贝福伦特医疗中心的管理人员第一时间在局域网上开通了内部问答热线，逐一解答员工的疑问，消除了他们不必要的顾虑。虽然有些难以面对，但他们仍然如实回答了“将有多少个职位被取消”等现实问题，帮助员工了解了事情真相，并且获得了员工的理解。

当辞退已经是板上钉钉的时候，一定要让员工明白自己为什么会被辞退，给出的理由务必真实可信，比如，可以向被辞退员工解释公司的经营问题、竞争对手对公司的影响、拿出各种支持说辞的可靠数据资料等。简单草率地或者打官腔地宣布辞退消息，都是不负责任的表现。

在进行离职谈话时，不能单纯地把这项工作当作一个任务来完成，或走一下程序就完事了，不要说出“我们今天进行一下离职面谈”这样冷冰冰的话语。管理者的态度要做到真诚可信，关心自己的同事或下属的需要，让被辞退者感觉到公司对他的重视和温情，使其愿意倾诉内心的感受。要让员工有一种自己是在一个特殊时期和一个知心朋友聊天的感觉，这才是最好的。管理者还可以善意地指出被辞退者的问题，并给他一些职业发展的建议。当然，这种聊天一定不要时间过长。

第5件：杀鸡儆猴

据说猴子虽然顽皮，但是特别怕血，于是驯猴人为了驯服猴子，就在它的面前把鸡杀掉，让猴子看见鲜血。当鲜血淋淋的鸡在地上悲惨哀叫时，猴子也会被吓得浑身发抖。这时驯猴人再训练猴子时，它就会变得很听话。

这种“杀鸡儆猴”的方式也常被很多管理者用于管理企业。如果企业里的某个团队整体精神涣散，凝聚力不足，工作效率低下，有些管理者就会采用杀鸡儆猴的方式来加以警示，比如辞退某个业绩不达标的员工，以此来刺激其他做事敷衍、浑水摸鱼的员工。并且管理者还会在集体会议上义正词严地强调：“如果团队还是保持以前的状态，继续不努力工作，那么下一个被辞退的，就会是你！”这样的做法看似行之有效，是一种很明确、很直接的威慑手段，但实际上并不高明，甚至有时候会起到反作用，是管理方法的大忌。

在一家大型超市里，甲员工和乙员工在上班期间发生了一点纠纷。超市认为他们的行为影响了超市的正常运转，决定开除这两个人，并扣除两人两个月的工资，以及入职前交纳的岗位行为保证金，随后还把两个人从公司宿舍里赶了出去。

负责处理这次事件的店长表示，开除这两个人的目的在于杀鸡儆猴。这名店长说："超市本身有规定，不允许员工在上班期间发生冲突，并会有相应的惩罚手段。何况，这么大个超市本身就不容易管理，下面数百名员工要是都这样打架或者发生冲突，那还得了！必须给他们点颜色看看。"

这个决定让甲乙两名员工很是不爽，认为超市的做法过于激烈，因为自己并没有影响超市的正常营业，他们只是发生了一点小摩擦，公司无薪辞退本身就违反了《劳动法》。最后，甲乙二人请来律师准备进行诉讼。在律师看来，这家超市的内部规定不符合《劳动法》相关规定。即使甲乙二人打架违反了劳动纪律，只要没给公司造成巨大的经济损失就不应该做出无薪辞退的处罚。此外，关于"岗位保证金"，劳动合同法里也有新的规定：以任何形式收取员工的岗位保证金都是不合法的。企业先前如果收取了保证金，在辞退员工的时候应该退还。

尽管这件事最后得到了圆满解决，双方达成了和解，但也给超市带来了很多负面影响。

"杀鸡"就应该只是"杀鸡"，假如"鸡"真的违反了规章制度，令公司蒙受了巨大损失，那么该杀就杀，"鸡"属于咎由自取，管理者有理有据，无须手软。假如"鸡"没有犯错，或仅仅犯了很小的过错，却被杀了，那难免会让人为"鸡"喊冤，认为裁定不公平。然而现实中，仍然有很多管理者为了让员工遵守制度而刻意制造轰动效应，采取杀鸡儆猴的辞退策略，这种行为本身就是对企业规章制度的亵渎，让规章制度成为一纸空文，渐渐失去应有的权威和效用。

不管是杀，还是儆，这些强硬行为都会令员工处于一种压抑、惶恐的危机环境中。"杀鸡"杀得多了，"鸡"的不满就会愈演愈烈，"猴子"看人"杀鸡"看得多了，也会让原本的恐惧心理逐渐转化为愤怒情绪。不当辞退导致的冲突和矛盾，不仅是被辞退者和企业之间的，还有留下来的员工与企业之间的。这对企业招聘新人或者维护内部团结都会造成一定的负面影响，有时甚至导致员工跳槽到对手的公司，这时个人矛盾就直接转化成了“敌我”矛盾。

由此可见，“杀鸡儆猴”往往是治标不治本的，不仅起不到预期效果，甚至会引发其他问题。管理者真正该做的是查找问题发生的源头，从根本上预防问题、解决问题，以防止员工的不当行为再次发生。

第6件：轻易承诺

辞退员工本身就是个累人的工作，不仅要解释原因，还要考虑到员工的心情。为了照顾这些员工的心情，有的管理者往往会给出安慰剂——向他们轻易承诺一些不可能实现的事情。

这就像很多父母对待孩子一样，当他们要求孩子取得好成绩时，常常会信口开河地给予他们一些承诺，也不管是否能兑现。当孩子真的实现了家长的期望后，这些父母却不愿意或无法兑现承诺。这让孩子觉得父母只是欺骗自己，或者只会“吹牛皮”，孩子因此很受伤，家长和孩子之间也由此产生了信任危机。

无论是在教育孩子上，还是在管理企业上，这样的做法都是极不明智的。拿破仑就曾犯过这样一个错误。

1797年3月，时任法兰西总统的拿破仑在卢森堡第一国立小学进行演讲，其间还送了校长一束价值3个路易的玫瑰花。同时他承诺，只要法兰西存在一天，每年的今天，他都会派人给这所学校送一束玫瑰花，作为法兰西与卢森堡的友谊象征。这个承诺被卢森堡人民深深地记在了心里。

后来，拿破仑因为应付连绵不断的战争，一直没有兑现那个送玫瑰花的诺言。可是卢森堡人民却从没有忘记这件事，1984年年底，他们把这件事翻出来，要求法国政府兑现承诺。

卢森堡人民给了法国政府两个选择：或者自1797年算起，一束玫瑰花的本金是3个路易，复利5厘，现在将所欠钱款全部偿还；或者法国政府在全国公开说明拿破仑是个言而无信的小人。

法国政府自然不愿意损坏拿破仑的声誉，于是它们选择了赔款。结果，计算机算出来的数字让法国政府惊呆了。原来利滚利之后，本息已经高达1375596法郎。

怎么办呢？法国政府最后想到了一个让卢森堡人民比较满意的答复——“以后无论在精神上还是物质上，法国将始终不渝地对卢森堡大公国的中小学教育事业予以支持和赞助，来兑现我们的拿破仑将军一诺千金的玫瑰花诺言。”至此，这件事情才得以妥善解决。

人无信，则不立。一个经常随意承诺却不守信用的管理者，自然不会受到员工的拥护。管理者的承诺一定要根据自身真实情况来定，不要为了面子盲目许诺。一旦做出了承诺，就意味着管理者有义务去努力实现它。

在辞退员工时，管理者最好不要这样承诺：

1. “你还年轻，出去可以找到一个更好的工作”

这样的话，让人觉得你特别虚伪。大家知道女人最讨厌的一句分手语是什么吗？那就是“你会找到一个更好的人”。而对于员工来说也一样，“你会找到更好的工作”这种冠冕堂皇的标准敷衍之词，毫无诚意。既然管理者已经决定要辞退员工，那么就应该帮助被辞退的人坦然接受这个残酷的现实，而不是给予毫无现实意义的宽慰。

2. “我觉得这个决定不妥”“其实我不想让你走”

这种与公司决策相左的话，并不能改变公司的决定，反而会让被辞退员工心存幻想，以为这件事还有转机。这不利于他坦然接受被辞退的现实，只会使管理者目前的工作变得更加复杂。

3. “我去领导那给你争取更多的赔偿”

这种承诺的结果具有不确定性，如果管理者兑现不了，就会引来更多麻烦。公司应该给予的经济补偿、补贴、福利及其他补偿要明确地告诉员工，而对超出范围的不应有的任何补偿都不要轻易许诺。

4. “我可以帮你找一份新工作”

不管这样的承诺是出于好心还是敷衍，如果员工接受这个条件，离职后管理者却不能帮他找到一份新工作，那么管理者就变成言而无信的人，双方或许会出现矛盾，甚至是冲突。假如管理者确实打算施以援手，其实完全可以事先安排别人假装要“挖走”他，让他的离职更加体面、顺利。

最后，我再次提醒管理者：你的责任里不包含任何私自承诺!

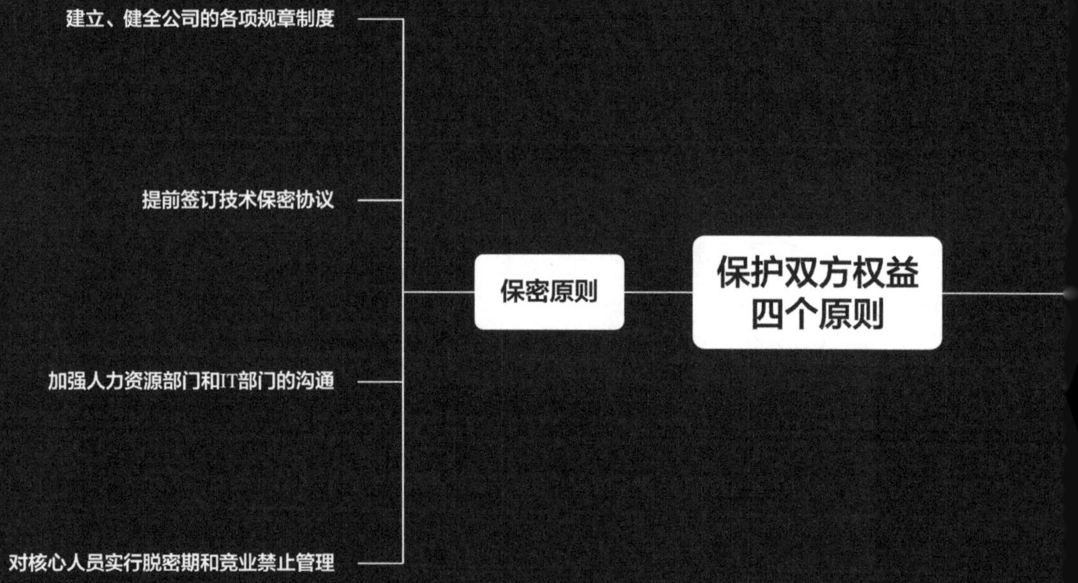
保护双方权益
四个原则
保密原则
建立、健全公司的各项规章制度
提前签订技术保密协议
加强人力资源部门和IT部门的沟通
对核心人员实行脱密期和竞业禁止管理

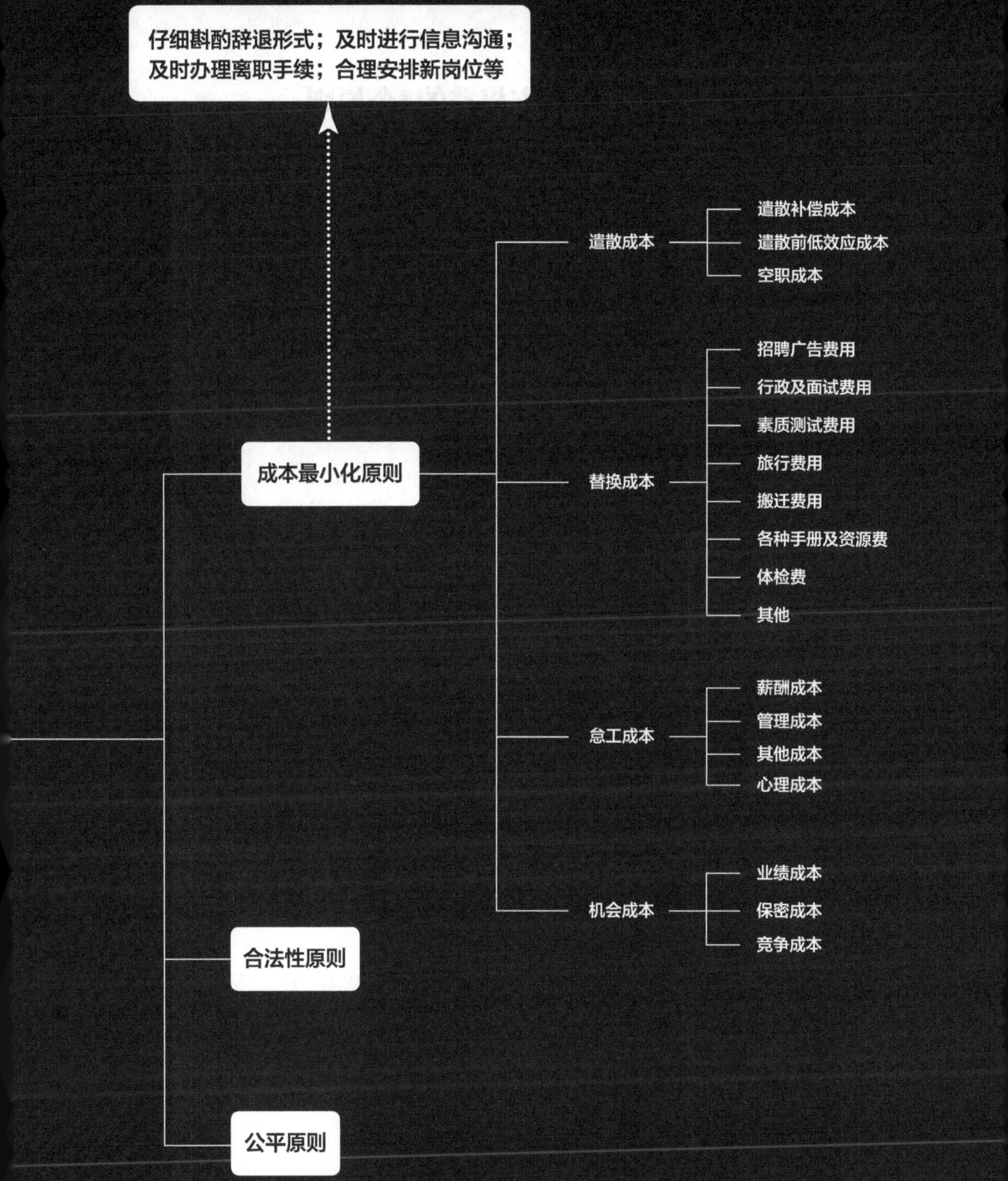
仔细斟酌辞退形式；及时进行信息沟通；
及时办理离职手续；合理安排新岗位等
成本最小化原则
遣散成本
遣散补偿成本
遣散前低效应成本
空职成本
替换成本
招聘广告费用
行政及面试费用
素质测试费用
旅行费用
搬迁费用
各种手册及资源费
体检费
其他
怠工成本
薪酬成本
管理成本
其他成本
心理成本
机会成本
业绩成本
保密成本
竞争成本
合法性原则
公平原则

3.2 保护管理者与员工双方权益的4个原则

成本最小化原则：让辞退成本降到最小

在市场经济中，利润最大化和成本最小化是企业一直追求的主题。想要达到利润最大化，就需要对投入要素进行最优配置，这样才能保证成本最小。因此，管理者在辞退员工时一定要考虑好辞退成本，也要以成本最小化为目标。

有的人觉得，辞退一个员工或裁掉几个人能产生多大成本呢？事实上，辞退一个员工不仅损失了企业在招聘、培训、生产方面花费的人力、物力，有些人才的流失也会导致企业机密信息泄露、加大企业竞争等风险。《财富》杂志指出：一个员工离职后，重新找一个新人再到其顺利接手工作，光是替换成本就差不多是离职员工薪水的1.5倍，如果离开的是管理人员，代价则更高。

通常来说，辞退一名员工的成本包括遣散成本、替换成本、怠工成本、机会成本。这其中，任何一种成本的操作不当，都会给公司带来巨大的经济损失。

辞退成本	基本要素
遣散成本	遣散补偿成本、遣散前低效成本、空职成本
替换成本	招聘广告费用、行政及面试费用、素质测试费用、旅行费用、搬迁费用、各种手册及资源费、体检费等
怠工成本	薪酬成本（包括工资和福利）、管理成本、其他成本（事故成本、低质量和低数量成本等）、心理成本等
机会成本	业绩成本、保密成本、竞争成本

1. 遣散成本

遣散成本是指一个员工离开企业所产生的成本。

其一是遣散补偿成本。企业辞退员工或员工自动辞职时，企业应补偿给员工的费用，包括到离职时应付的工资、一次性支付的离职金、必要的离职人员安置费等支出。比如，2015年5月，安华高科技收购芯片制造商博通公司，两家公司合并重组之后，全球需要削减1900个岗位，每个被裁人员大约可以分到200万元人民币的遣散费用。这个遣散费就是遣散补偿成本。

其二是遣散前低效成本。在员工离职前，因为需要去办理各种离职手续、进行岗位交接工作，所以原本的工作就会受到影响，工作效率低下，减少了给公司带来的收益。这种成本不是以支出的形式出现的，而是以企业收入相对减少（员工创造的价值减少）的形式出现的。

其三是空职成本。企业的一个职位空缺，可能会使某一项工作或任务无法顺利完成，从而造成企业损失。这是一种间接成本，也是一种隐性成本。

在考虑遣散成本时，还需要注意以下几点：

按照规定，企业辞退员工时，需要提前一个月通知，否则就要赔偿这名员工一个月的代通知金。如果辞退的是负责企业重要事务的高层员工，还需要为其设置一个准备期，不然可能会造成某项工作的断层。

还有一点就是劳动争议风险，只要员工到仲裁部门申诉，仲裁部门就会接受。对于企业来说，如果发生劳动争议，就应该与相关的人力资源专家和劳动仲裁部门人员取得联系、积极咨询。在进行遣散成本核算时，一定要力争合法、合情和合理。

2. 替换成本

一位被辞退员工的替换成本不容小觑。调查显示，一名普通岗位员工的替换成本约占其全年工资收入的三成；一名技能紧缺岗位员工的替换成本相当于其全年工资收入的1.5倍。所以在辞退员工之前，管理者一定要三思而行，不要冲动盲目，提前准备好后备人员是成熟的作为。

3. 怠工成本

一般来说，当部门经理和人力资源部经理决定要辞退一名员工时，虽然距离正式辞退还有一段时间，但是员工依然会感觉到自己即将被辞退，面对无力抵抗的命运，他的第一反应就是怠工。

员工会用各种形式和借口来怠工，比如他需要开始寻找新工作，于是就会经常请假，即便他有那么几天没有好好上班，但公司依然要支付一部分的薪酬和福利。而且在他怠工的情况下，对他的管理难度也会相应增加，比如若是操作性比较强的生产性企业的员工在工作时心不在焉、漫不经心，不仅商品的质量和数量保证不了，也很容易出现事故，企业还需要额外支付事故成本。

因此，企业在日常经营中就应该注意提升员工对企业和本职工作的忠诚度，尽力为员工提供广阔的发展空间，这不仅能给企业带来可观收益，更能有效地避免怠工现象。

4. 机会成本

当你拥有一定资产、准备进行投资时，A、B、C摆在面前，你选择了A，而放弃了B和C。A能因此得到的收益减去B和C所没有得到的收益，就是机会成本。

其一是业绩成本。当一位软件工程师被辞退以后，他顺便带走的可能不仅仅是软件，他所参与的项目也岌岌可危。一旦发生这样的事情，公司要付出的代价是非常大的。

其二是保密成本。如果被辞退员工有了泄露公司秘密（商业投资机密、食品药品秘密配方等）的想法和做法，那么公司为此付出的成本就无法估量了。

其三是竞争成本。一位核心员工被辞退以后，不仅带走了客户资料和技术资料，而且还选择在竞争对手公司任职，很可能会搞垮原来的公司。

那么，公司在进行辞退或裁员时，如何才能降低辞退成本呢？

1. 仔细斟酌辞退形式

公司在决定请不合适的人离开之前应该有多种选择。比如，是自己辞退，还是企业辞退，还是调换岗位。是劝退还是辞退，公司需要就事论事、因人而异地仔细衡量来决定，而且应该把“希望传递什么样的信息给其他在职员工”这一问题考虑进去，再去选择相应做法。

2. 及时进行信息沟通

在规定的时间内，无论员工是否答复，都应该与员工进行会谈，并表达出明确的处理决定。

3. 同意马上离职，立即办理相关手续

如果员工同意离开，就应该马上让其递交辞职申请，并立即办理工作交接手续，交接完成后，结清员工离开公司时的工资及一个月的经济补偿金。

4. 不同意马上离职，继续留职一个月

如果员工不愿意离开，而公司也不想再用这个员工，那么公司就应该立即向其发放书面辞退决定书，加盖公章，签署日期。假如员工不肯接受，也应该在公司两个工作人员在场的情况下做好相应记录，并且要求员工在随后的30天内按时上班，做好离职前的工作交接。同时告诉员工，在工作交接期内，他仍是本公司员工，制度落实必须黑白分明，如果违反公司纪律，公司有权对他进行处分或处罚。30天期满之后，结清应付的工资和经济补偿金，就可以完成离职手续。

5. 不离职，合理安排新岗位

假如员工执意继续留在公司工作，公司也同意他的要求，那么应该马上制订岗位变更通知作为劳动合同附件，让员工本人签字，收录在劳动合同中作为劳动合同的变更。同时也要告诉其新岗位的工作要求，以便他可以尽快适应新工作。

6. 不支付经济补偿金的特殊情况

在辞退员工时，发放一个月的工资作为补偿是比较体面的做法。但有的公司因为对员工失去信心，并不想支付经济补偿金。我们看这样一个案例：

某家超市里有一名水产员工，他已经工作多年，一向认真负责，但两年前突然性格大变，经常会因为家庭矛盾导致心情不佳，不仅工作起来很散漫，而且经常醉酒后上班，杀鱼时操作不当，服务态度恶劣，让很多顾客不满。随着退货和投诉的次数越来越多，人事主管不得不找他谈话。然而他依然我行我素，没有悔改的意思。

人事主管打算辞退他，但是只要一提“我们需要辞退你”这个话题，这名员工的态度立刻180度大转弯，又是痛哭流涕积极认错，又是写保证书承诺自己一定会改，死活不肯离职。然而人事主管的决心已定，这样的员工必须辞退，不过为了降低成本，他不想支付辞退时应付的经济补偿金。具体该如何操作这件事，人事主管有些头疼了。

在我看来，这名因为处理不好个人情感而影响工作质量的员工，请他离开已经是不可避免的事实。他的很多行为都已经严重违规违纪，既有公司的管理制度摆在眼前，又有客户投诉记录佐证，员工自己也写了承认失职的保证书，于情于理，与其解除劳动合同都是恰如其分的。按照《劳动合同法》第39条规定，劳动者出现以下情形——“严重违反用人单位的规章制度的；严重失职，营私舞弊，给用人单位造成重大损害的”，用人单位提出解除劳动关系时，不需要支付任何经济补偿金。因此这家超市可以在合规合法的前提下拒绝支付经济补偿金。

当然，人事主管也可以选择温和地劝退，虽然案例中提到这名员工不愿意离职，但是他屡次犯错，已经和工作环境格格不入、与同事难以和谐相处，如果他还顾及自己的脸面，也许会选择体面地请辞、主动离职。

合法性原则：合法才能避免纠纷

想要避免辞退纠纷，就一定要避免不符合流程甚至是触犯法律法规的辞退。一般来说，违法辞退主要表现为三大类情形：

- 企业所给出的事实依据不够充分。
- 企业所提出的法律依据不够准确。
- 企业所进行的操作程序不符合法规政策。

我平时接触的很多管理者，他们都持有一些错误观点。比如，只要是在试用期内，就可以随随便便辞退员工，无须给出具体理由；只要员工出现违纪行为，用不着进行谈话协调，直接开除就可以一劳永逸；只要公司提前一个月通知到位，并且支付了经济补偿金，就符合辞退员工的标准流程……

大量案例证明，这些观点只会带来巨大的法律风险。如果公司违法解除劳动合同，那么被辞退员工可能会通过调解、仲裁或者诉讼等手段来维护自身权利。一般来说，这不仅会导致企业陷入劳动争议不断并且屡屡败诉的窘境中，还会增加辞退成本。

作为一名国企的老员工，老郑为了让儿子阿诚顺利就业，主动将岗位让了出来。这家国企也接纳了阿诚。阿诚刚开始工作时尽心尽力，可是几年下来后工资还是不高，这让他的内心很不舒服，于是开始经常旷工。

最后，单位提出要与阿诚解除劳动关系，阿诚表示可以接受，不过他提出单位要出具解除劳动合同的证明书。但单位将这件事拖了10个月，才让阿诚拿到证明书。阿诚去办理失业补偿金时，被工作人员告知解除合同的时间与出具证明的时间不符，无法领取失业补偿金。阿诚只好去申请法律援助。法律中心劳动争议仲裁委员会裁决后，支持了阿诚的合法权益。然而用人单位认为是阿诚无故旷工，有过错在先，不服从裁决。最终，劳动争议仲裁委员会裁决由用人单位支付给阿诚经济补偿金和失业金损失。

可以看出，因为阿诚在这家单位签订的劳动合同不健全，所以才会引出一些不合法的问题，无形中给企业增加了巨大的辞退成本。因此，企业与员工应当按照国家劳动法律法规签订正式书面劳动合同，劳动合同必备条款必须详细明确，不能遗漏或误签，这样的劳动合同才符合合法性原则。

双方能够约定的事项属于必备条款，不能约定的事项有时也需要加以明确，一旦出现相关纠纷，也好有一个可参照的解决程序。企业在与员工签订合同时，描述辞退方面的条款时不能有歧义，对法律未做硬性规定的，也应该慎重决定是否做硬性规定。比如，《劳动法》中规定：劳动合同期限6个月以下的，试用期不得超过15天；合同期6个月以上1年以下的，试用期不得超过30天；合同期1年以上2年以下的，试用期不得超过60天；合同期2年以上的，试用期不得超过6个月。《劳动合同法》关于试用期只做了最多不超过6个月的规定，是个任意性条款，企业是否需要明确规定到底几个月呢？这就要看具体工作和试用情况，企业要特别注意地方政府关于试用期的具体规定。

保证双方签订的劳动合同具有法律效力的一个重要措施，就是请企业法律顾问仔细审查，避免无效劳动合同和无效条款，对劳动合同签字盖章、签订日期、合同有效期限等纠纷高发环节要给予重点审查。对于可能会发生的劳动合同条款文字理解歧义情况，应当事先规定好以哪种语言文字的合同文本为准，一般来说，应当以中文劳动合同文本为准。

此外，不要触犯解除劳动合同规定的禁止性条款。《劳动合同法》第29条列举了用人单位不得凭据《劳动合同法》第26条、第27条的规定解除劳动合同的4种情况，但没有排除依据《劳动合同法》第25条规定解除劳动合同。企业要慎重对待这些条款，引用第25条规定来应对劳动法解除劳动合同禁止性条款时，必须有充分可靠的把握，不能打擦边球，不能跨越法律底线。

公平原则：辞退也要变得公平

公平原则是民事活动的基本原则，它维护正义和中立，保障法律面前人人平等和机会均等，避免歧视对待，防止徇私舞弊。但是在企业与劳动者的关系中，两者并不处于平等地位，主要表现为：

- 在双向选择中，企业的主动权更加明显，处于有利地位。
- 双方掌握的信息存在不对等情况。
- 在劳动合同履行过程中，员工作为整个用人单位的一部分，必须服从于用人单位的生产需要，接受用人单位的工作安排与统一管理，用人单位却凭借法律规定的权利，通过规定规章制度或行使管理权而对员工进行奖惩，因此在履行劳动合同的过程中，不一定可以体现出双方是平等地享受权利、承担义务。

在现今劳动力供大于求的前提下，就业机会稀缺形成“买方市场”，在“买方市场”结构中，劳动者之间的就业竞争加剧，劳动者的选择余地大为减少。对于用人单位来说，解除一个员工的合同只是失去了一个劳动者，他们可以在劳动力市场上迅速找到替代者，甚至是更优质的劳动力，而对于劳动者而言，被辞退代表着失去生活来源，工作对有些人更意味着生活的全部。

也正是因为这个原因，企业在裁员时一定要保证公正原则，这也是对公司长期生存发展的必然要求。

2017年年底，金立公司出现资金链紧张。不久，金立开始采取引资保生产方案，并进行相应的裁员，以降低成本。2018年3月31日，金立东莞工厂率先辞退员工，计划让协商解除劳动合同的工作在当年4月底前全部完成。

金立在裁员过程中，始终坚持“以平等自愿为原则，协商一致为目标”，并没有强行辞退员工，而是“尊重员工自主选择，不强迫、不威胁、不利诱、不欺骗”，保持了裁员的公平原则。

在补偿标准方面，金立严格执行了《劳动合同法》的相关条款，与员工签订补偿协议书，按照“n+1”方式发放补偿。如果有的员工不愿解约，可以不接受解约，金立会继续保留与他们的劳动合同关系。

在这个案例中，裁员是金立自救的系列措施之一，公司董事会和经营班子始终坚持公平原则，以平等自愿为前提，保证了裁员的顺利进行。这个做法也赢得了在职员工的最大信任。

倘若企业的辞退工作做到了程序合理、公正公平，那么员工（无论是在职还是被辞退的）都会相对理性地看待被辞退的事实。这些原则可以帮助公司留住核心人才，不因辞退事件使公司重要人才流失。如果在裁员过程中，管理者不遵循公平原则，公司就不能形成合力，势必加大辞退成本，并失去市场竞争优势。

因此，公平、简单、易于理解的辞退原则是很重要的。一个良好的机制是实现公平原则的保障，不但要在过程与形式上公平合法，还要在最终结果上得到体现，使裁员管理活动在程序上与实体上都做到客观公正。

保密原则：如何让他保护商业秘密

无论是小范围的辞退，还是大面积的裁员，对于企业发展都是既有利又有弊的。一方面，裁员可以精简机构、降低企业人力成本；另一方面，在某种程度上也会造成企业人才的大量流失，甚至使企业的关键技术和商业秘密随之流失，无形中加大了企业的辞退成本。

近年来发生的商业秘密泄露案件绝大多数都是因为员工离职引起的。据某安全机构的调查报告显示：曾经在离职时带走了公司机密文件数据的员工达到了59%，而这仅仅是在调查中承认自己这么做了的人。这份报告同时也收集了2002年到2017

年3月之间被公开报道过的敏感信息泄露事件，其中包括各种个人敏感信息、商业秘密、国家秘密等，个人敏感信息和商业秘密占到了信息泄露事件总数的95%以上。

什么样的辞退行为会引起员工的强烈不满？比如企业临时通知裁员，导致员工来不及反应，被迫经历一段没有收入的待业期；再比如补偿金额不合理，平常压榨工资福利，离职时又压榨赔偿款；或是因为人力部门强行取回公司配备给员工的电脑，使其无法顺利完成手头工作……

这就导致被辞退员工采取一些不当行动：或是出于报复心理，带走了企业内部重要研究成果，转手卖给竞争对手；或是知道自己将面临失业，提前拷走企业机密来为跳槽到更好的企业增加筹码；或是偷走企业机密，为自己创业、自立山头做打算。

商业秘密是企业的无形资产，它是不为公众所知悉、能为权利人带来经济利益、具有实用性，并经权利人采取保密措施加以管理的技术信息和经营信息。因此，以上这些行为都将给企业带来致命重创。

金某、陈某、郑某三人本来是一家食品公司的员工，这三人当初与公司签订了劳动合同与保密协议。因为三人在任职期间掌握了这家食品公司大量的客户信息、销售渠道及商品价格等商业秘密。后来，这三个人从公司离职，并将公司里的商业秘密提供给了另外一家农副产品公司，并用于市场经营，挤占了这家食品公司在当地的部分市场。这家食品公司了解情况后，马上将这三人起诉至法院。最后，法院经审理，判决各被告停止侵权，并赔偿经济损失122万元。

根据我的个人经验，为了防范类似事件发生，企业管理者应该做到以下几点：

1. 建立、健全公司的各项规章制度

在企业内部，应有专门人员负责商业秘密的管理工作。这其中包括建立健全各项规章制度，确定商业秘密的原则、范围、标识、保管、借阅、人员调动、学术交流等。

2. 提前签订技术保密协议

对于能够接触到商业秘密的员工，企业要提前与其签订技术保密协议，拒不签

订保密协议的，企业有权不调入或者不予任用。值得注意的是，那些参与了企业重大科技计划项目的员工，在科研任务还没有结束前，一般不能对其实施辞退措施，员工个人提出调离的，原则上也不批准。对于擅自离职，并给国家或者原来的企业造成经济损失或泄露商业秘密的员工，企业应追究其法律责任。

3. 加强人力资源部门和IT部门的沟通

在裁员或重组之前，人力资源部门和IT部门应该保持及时、充分的沟通，以便IT部门可以根据情况评估出即将被辞退的员工在企业信息系统中的账号、权限等信息，并且有针对性地设计出相应的工作范围和操作流程，以此来保障企业机密不被盗取。

4. 对核心人员实行脱密期和竞业禁止管理

美国为了防止在本国工作的国外专家回国泄密，在与他们解除工作合约之前，会先终止核心人员的工作任务，比如禁止参加相关研究，然后进入一段时间的脱密期，收缴工作笔记、网络设备等所有与工作有关的资料。这是值得我们效仿的典型举措。

在运用竞业禁止条款时，企业应该本着公平原则，给予被辞退员工适当补偿。比如说有些企业的合同中规定员工在离职后不能就业于相关行业，但又没有对此给予适当补偿，这显然是不合乎法律规范的，也不具有操作价值。

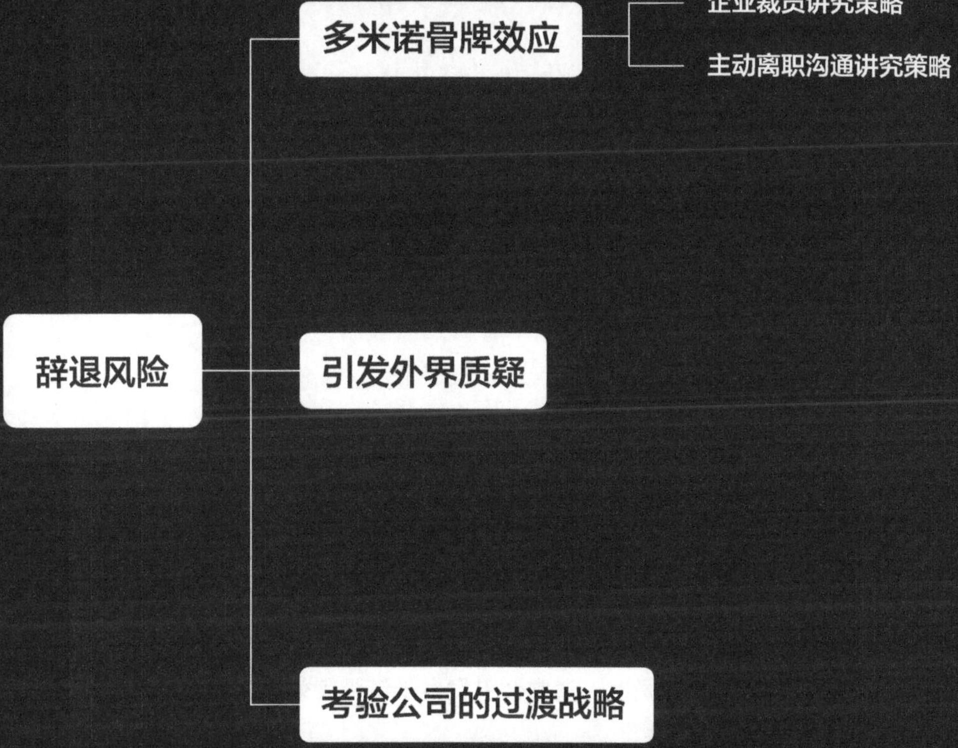
辞退风险
多米诺骨牌效应
企业裁员讲究策略
主动离职沟通讲究策略
引发外界质疑
考验公司的过渡战略

3.3 请员工离开不可不知的3个风险

风险1：引发多米诺骨牌效应

近年来，IBM、微软、摩托罗拉、诺基亚、惠普、华为、联想……这些著名企业纷纷裁员，全球市场的经济低迷正引发人力资源管理的大地震。

有的企业需要通过裁员来转型，有的企业需要靠裁员来维持生存。可是裁员终究是有风险的，管理者要注意防止裁员引发的“周身性感染”，并将风险降到最低点。

企业进行大规模裁员时，通常会引发多米诺骨牌效应，这将是裁员的最大风险。

在一个相互联系的系统中，一个很小的初始能量就可以引发一连串的连锁反应，这就是多米诺骨牌效应。它和人们平时所说的蝴蝶效应很相似。

多米诺骨牌效应产生的能量是十分惊人的。为了证明这一点，大不列颠哥伦比亚大学物理学家A. 怀特海德专门制作了一组骨牌。这组骨牌一共13张。第一张是最小的，大约有成人的小手指指甲大小，以后每张牌的体积扩大1.5倍，这是按照一张骨牌倒下时能推倒一张1.5倍体积的骨牌而选定的。最大的第13张牌面，大小接近于一张扑克牌，厚度在一张扑克牌的20倍左右。

如果把这组骨牌按适当间距从小到大排好，轻轻推倒第一张后，能量传递到最后一张，它倒下时所释放的能量比第一张牌倒下时释放的能量整整扩大了20亿倍。可见，多米诺骨牌效应产生的能量十分巨大。同样，不当裁员也会引发类似的多米诺骨牌效应。

美国芯片制造商Marvell（原迈威科技集团有限公司，现更名为美满电子科技），在全球半导体领域中拥有举足轻重的地位。在中国，Marvell在培育中国智能手机和4G市场方面也做出了突出贡献。

2015年10月16日，为提升整体盈利能力布局，Marvell公布了针对研发的重组计划，同时也发布了人事通知，开始遣散员工，其中中国区裁员近800人。就在通知下发不久，位于上海浦东张江的Marvell中国分公司门口，很多被裁员工拉起横幅示威抗议，横幅上写着“加班时，全力以赴；出售时，请真情对待”“我们要上班！我们要吃饭！坚决反对Marvell千人大裁员！”等字样。

Marvell公司的重组计划是这次抗议事件的导火索。Marvell多媒体业务部门的被裁员工不满最新的安置方案，所以联合起来拉横幅抗议。虽然最后Marvell中国区为离职员工开出了“n+3”的补偿方案，但此次事件仍旧引发了多米诺骨牌效应，给公司带来巨大的负面影响。

实际上，不当裁员不仅会引发这样的抗议行为，更大的多米诺骨牌效应还在后面。

在一个团队中，管理者在要求员工离开的时候，需要考虑两方面的感受：被辞退的员工和留下来的员工。这个时候，留下来的人会不由自主地关注管理者如何对待那些离开的人，就算离开的人本就与企业环境格格不入、早就成了大家都厌弃的人，但是他们的离开仍旧会给留下来的人带来一点点的心理波动，甚至可能是同情的情绪。

若是管理者能够完美地处理好辞退问题，那么整个团队都会接收到积极正面的信息。比如，他们会感受到自己之所以成为优胜劣汰的赢家是因为在团队中被尊重、被看重，即使将来有一天他们离职了，也会被同样公平而仁慈地对待。

但若是管理者处理得不够细致、纰漏百出，就会向整个团队传达出消极负面的信息，其结果可能会像多米诺骨牌一样，让整个团队体系在瞬间倒塌。比如，团队中的高端人才看重的并不是高额工资，而是这里是否具有施展才华的空间，所以一旦因为裁员不当而伤害了他们对公司的心理期望，他们很可能会猜测公司已经出现巨大危机，于是产生寻找新平台的想法，变成最容易被挖墙脚的那部分人，迟早会离开公司。摩托罗拉裁员事件就是一个非常典型的案例。

为了避免多米诺骨牌效应的发生，管理者在辞退或裁员时，一定要用好下面两个策略：

1. 企业裁员讲究策略

通常，公司裁员有两种：一种是业务线调整，比如，将某条业务线裁掉，从助理到总监都要解聘，由人力资源部门负责具体操作；另一种是整体裁员，每个部门都要裁员。

整体砍掉的情况是比较麻烦的，这时公司要先做通部门高管的安抚工作，由他们先跟员工进行沟通，这时人力资源再谈裁员就会更容易操作了。

在确定好整体裁员名单之后，公司总裁要率先出面，召开会议说明公司有裁员计划，通常来说，应该在一星期内与员工谈好解聘协议，速度要快，不可拖泥带水。在这段时间，要特别留意稳定好所有员工的情绪，还需要给留下来的人适当提高薪水。

2. 主动离职沟通讲究策略

与想要离职的员工进行沟通时，管理者除了要持有真诚的态度、给员工充分的表达机会、有效倾听和了解员工的真实想法以外，还应该讲究一定的策略。

比如说，有的员工突然选择离开是因为工作中的突发事件引发的，像这种情况的离职是可以提前预见的。为了留住员工，管理者首先要平息对方心中的怨气，让员工把不良情感宣泄出来，然后选择合适的时机、地点进行积极疏导，和他一起共同冷静地权衡离职的得失，从而使其放弃离职的冲动想法。

再比如，有的员工选择主动离职是深思熟虑的结果，这种情况下，管理者很难让他回心转意，但还是要与其沟通，一方面是希望通过离职面谈来挽留他，尽管成功概率很小，但是要让员工看到管理者的真心；另一方面可以借离职面谈之机反省企业的管理，针对具体问题查缺补漏，避免多米诺骨牌效应的发生。

风险2：引发外界对公司形象和生存能力的质疑

有一个在跨国企业担任要职的朋友和我聊过："在公众认知里，任何形式的裁员都是企业发展不力的表现。"关于这一点，我非常认同。

企业眼中的裁员和公众眼中的裁员是不一样的，一个好似"防火墙"，一个则好似"玻璃"。对于企业管理者来说，裁员的举动就好像是为自己建了一道防火墙，把过去的失败通通挡在了墙的外面。但对于公众来说，裁员就像是一面玻璃，让人看得一清二楚，现在的裁员即使不意味着将来的失败，但至少是一种针对过去失败的反馈。这就意味着，企业想要在裁员期之后继续赢得市场的信任，就必须花费更大的代价、做出更大的努力，这种"恢复期"有可能会持续数十年。

2014年6月，国内著名家电企业海尔集团的裁员行动在社会上引起了轩然大波。对于张瑞敏的这一举动，不仅外人看不懂，连海尔内部员工也有些懵，业界内外对海尔此举的猜测层出不穷。这其中流传出两个不同版本。

一个版本是海尔拟推进小微化。当时，渴望转型的海尔想要更快更好地适应现代的互联网速度，于是大范围调整组织结构，让海尔的7万名员工形成了无数个小微公司，分为2000多个自主经营体，和海尔从隶属联系转变为合作关系。但是有些岗位上的员工并不看好这种模式，认为企业"可以自我颠覆，但是自我颠覆不好的话可能会颠倒"，因此并不愿意接受如此打破原有运作体系的改变。从这个角度来看，海尔的这次裁员事件并不是真正意义上的裁员，而是海尔员工适应不了海尔推行的小微化而选择的自动离职。

另一个版本是海尔在精简中层结构。外界认为很多海尔中层人员的思想观念越来越保守，已经不能跟上这个时代的脚步了。而剔除这部分中层，能够让海尔重新焕发活力。用张瑞敏的话说："外去中间商，内去隔热墙。"隔热墙就是指那些保守的中层管理者。

裁员在家电行业是很常见的。在这之前，松下、索尼等日本外资企业为了扭亏为盈，也纷纷裁员，以减轻包袱，轻装前行。但有很多人对海尔裁员提出非议，觉得海尔的战略调整和转型缺乏坚实基础，这种激进的跨越式转型不适合以传统制造业为主的海尔，无疑是个非常危险的挑战，令海尔前途未卜。

尽管海尔转型成功与否尚无定论，但是这次裁员事件引发的种种质疑，我觉得足以让一些管理者保持警醒。

裁员往往是从上到下进行的，但也需要兼顾从内到外的维护。管理者为了避免裁员引发外界对公司生存能力的质疑、猜忌和恐慌，不仅需要具有权威话语权的首席运营官、首席财务官、首席技术官都参与到裁员行动中来，对内做好沟通协调、安抚的工作，还需要让公司负责市场的员工及时向经销商和客户解释清楚公司的裁员原因、未来战略计划等，加强他们继续与公司合作的信心。

风险3：考验公司的过渡战略

通常来说，裁员是战略调整的行动之一，因此裁员的另一种风险就关乎公司过渡战略的成败。

2017年第二季度刚开始，魅族科技有限公司就进行了大规模的裁员——由年初的4400人左右裁员至4000人左右。魅族相关人士指出：“这是公司进行人才结构优化的新一轮裁员，裁员比例从原来的5%提高到了10%。”

此次裁员属于“全员性”裁员，与公司的战略调整有关——公司准备上市。所以在人力资源成本、产品销量、市场投入等方面都重新制订了新的考核指标，多个部门牵扯其中。

2016年年初，魅族为了拓展社会渠道来提高销量，开始大量招聘促销人员；

到了11月，促销人员增加到3000人。仅仅几个月的时间，促销人员的规模提升了60%。促销人员虽然增加了，但是没有带来手机销量的匹配性增长，销量反而下降了。魅族不但没有实现预期计划，而且还增加了人力成本预算，企业由此陷入亏损。所以在这次裁员行动中，魅族不断裁撤线下渠道来降低成本，减轻利润上的压力，一线销售成了主要裁员对象。

对于魅族当时的状况来说，在市场竞争和利润的迫使下，一轮又一轮的裁员已经影响了公司的过渡战略。

让我们回过头想想，企业逼不得已进行“裁员、裁员、再裁员”的目的是什么呢？说到底，一共有四点：

- 为了优化组织结构，剔除冗余，让团队更加精简、高效。
- 将优势的人力资源和资金资源都投放给企业战略侧重的业务。
- 保留强烈认可企业文化和具有高度凝聚力的优质团队。
- 依照公司的战略部署，完成阶段性任务目标。

想要解决上述问题，最大限度地降低风险，就必须让裁员行动与战略计划相辅相成。比如，以前联想集团的战略是成为PC市场的低成本厂商，专注于PC制造，不再做软件、服务器，所以制订的裁员目标便是“降低成本”，解散所有非PC的部门，辞退相关员工。

而且，企业裁员一定要干净利落、一步到位，不能一轮一轮地裁员，否则员工会产生危机感，恐惧和痛苦是可想而知的。企业管理者一定要熟悉变革管理的流程，全面、谨慎地向员工讲清楚公司面临的问题，比如降低成本进行转型，还需要拿出可信度较高的计划来引导员工参与变革、支持变革。

离职交接
办公用品交接
工作交接

3.4 离职员工，做好交接，握手话别

当员工离开企业时，交接工作必不可少。员工有义务将自己负责的工作事项与企业指定的有关人员进行交接，企业也有权利将其负责的工作事项与企业指定的有关人员进行交接。只有交接工作完成了，被辞退员工才可以做到圆满离开。

很多企业管理者并不重视这个工作，有的管理者认为交接工作只不过是让被辞退员工把办公室和抽屉的钥匙交上来，然后拿着自己的东西走人。这种错误认识常常为企业以后的发展埋下危险的种子。

关于离职员工的工作交接，要抓好以下两个环节：

1. 办公用品交接

员工在公司工作期间，因为工作职责需要而由其保管或配备使用的办公用品和其他财物都是公司所有的，比如笔记本电脑、手机、手机号、计算器、交通工具、工作证件等。当员工离职时，这些用品自然要按照刚入职时已经明确告知的制度和规定全部交回公司，不能私自带走。

2. 工作交接

工作交接包括两个方面：一是被辞退员工向接替其工作的留任员工介绍清楚这个岗位的职责、工作范围、工作方法和业务运作程序，并且在可以正常使用的情况

下，交清本岗位上的各种设备与设施；二是向接替人员交代清楚暂未完成的工作任务，比如，没有履行完的合同、需要催要的债务等。

这里还有一点要提醒管理者，那就是很多员工离职时还欠着公司债务，如借款、赔偿款、受罚款。员工欠公司的债务，一定要在交接工作过程中清偿，或在限制时间内清偿完毕。员工可以依据自己的情况选择清偿方式，或是一次性支付，或是从工资或经济补偿金中扣除，或是灵活选择其他方式。

当然，如果不涉及较大金额，管理者完全可以不去清理这些债务，顺势卖个人情，让离开的员工对管理者和公司心存感恩。

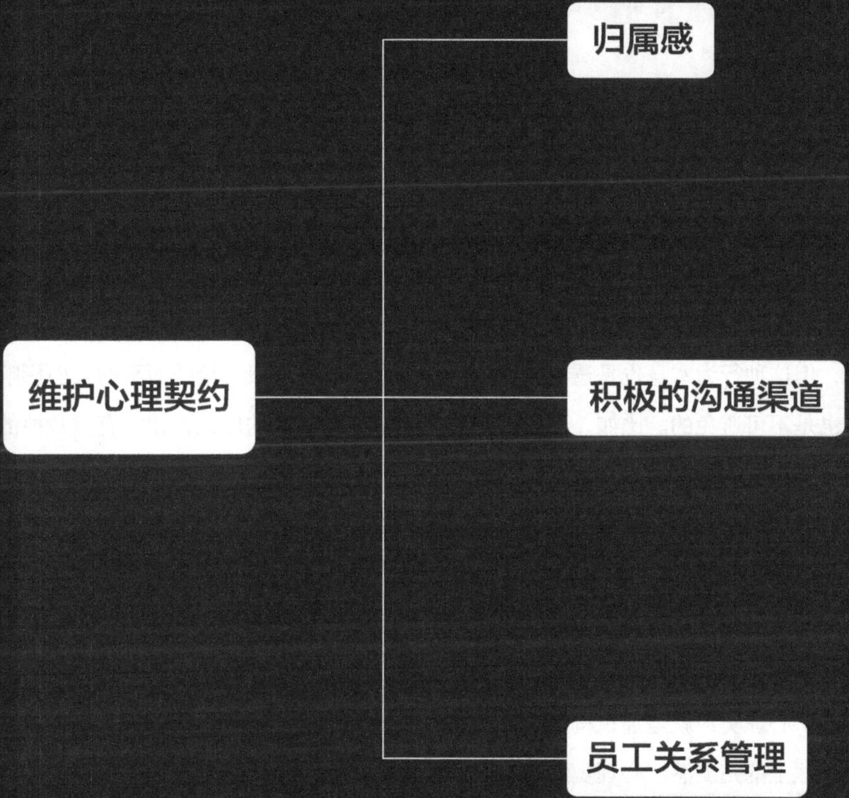
维护心理契约
归属感
积极的沟通渠道
员工关系管理

3.5 维护心理契约：解除离职员工的后顾之忧

对很多企业来说，辞退或裁员确实是短期内从经济上摆脱困境的一种有效手段，但这种行为本身也是透支信用、透支未来的危险手段，接踵而至的负面影响同样也是不可避免的。比如，让离职员工永久失去对企业的忠诚，让没有被裁掉的员工缺失安全感，对企业的不信任程度越来越严重。

管理者不得不反思，当辞退或裁员本身无法避免的情况下，怎样才能抑制人员变动带来的负面影响、让负面影响的周期缩短呢？

维护好企业与员工之间的心理契约是一个极为有效的手段。我们知道，企业在雇用员工、员工为企业服务时，两者之间产生的不仅仅是劳动契约，同时还有心理契约。心理契约就是通过构建企业文化等方式，企业认可员工做出的贡献，使其获得心理上的归属感。心理契约的构建成功往往来之不易，需要企业花费更多的时间成本和资金成本。

无论是企业强制让员工离开，还是消极边缘化员工逼其离开，企业都是在主动撕毁心理契约。这种模式一旦开启，企业不但会自毁形象，还会给所有员工造成压力。有些人会基于生存目的而展开恶性竞争，有些人会产生“幸存者综合征”，终日惶惶不安。

而且，在以前网络没有普及、信息环境比较闭塞的情况下，社交媒体还没有完全发展起来，在舆论风暴中，企业处于强势，员工处于弱势，所以企业裁员所带来的负面影响是可以被控制的，不会迅速扩散。然而现在不同了，自媒体已经深入人们的生活中，员工完全可以为自己发声，裁员所带来的负面情绪一旦扩散，波及范围就会非常广泛，这时企业与员工的心理契约也就被无情地撕毁了。

一位从事人力资源的朋友这样说："遵循合理的裁员方式，走正常积极的沟通渠道其实有很多方式。比如给予面谈沟通时间、帮助心理疏导等。"我也认同用这些合理的裁员方式来维护企业与员工间的心理契约。

作为国际化的日用品公司，德国PM（皮埃姆）国际股份公司在人才战略上非常重视离职员工的管理，尤其是在心理契约的构建上下了很大功夫。

公司在每年年终都会给那些离职员工发出一封邀请函，邀请他们一起来参加公司的年会，向他们介绍公司目前的发展和成果，以及未来规划等。

除一些重大活动外，人力资源部门每隔一段时间也会安排在职员工给离职员工打问候电话，尤其是那些关系较好的同事。

这些离职员工也对原公司心存一份感恩，他们会把离职后的一些信息及时反馈给公司，比如自己遇到的困难和机遇，甚至会以正式报告的方式递交给总公司。

可以看到，德国PM公司不仅没有撕毁当时的心理契约，而且还对离职员工进行了有效管理。公司对离职员工的关怀没有白费，进一步激活了这笔隐形资产，给公司的发展带来了巨大的收益。

如今，员工关系管理越来越受到企业管理者的重视。伴随人力资源管理的蓬勃发展，新的游戏规则正在逐渐显现，单纯依靠劳动契约来管理员工关系已经远远不能适应现状了。劳动合同绑住的是员工的"身"，心理契约留住的则是员工的"心"。想要实现双赢，必须超越原本的合同关系，连接好劳动契约和心理契约这条双重纽带。在心理契约的不断驱动下，员工和企业的情感连接更加紧密、稳固、持久，员工的忠诚度更高，有利于企业的长久发展。

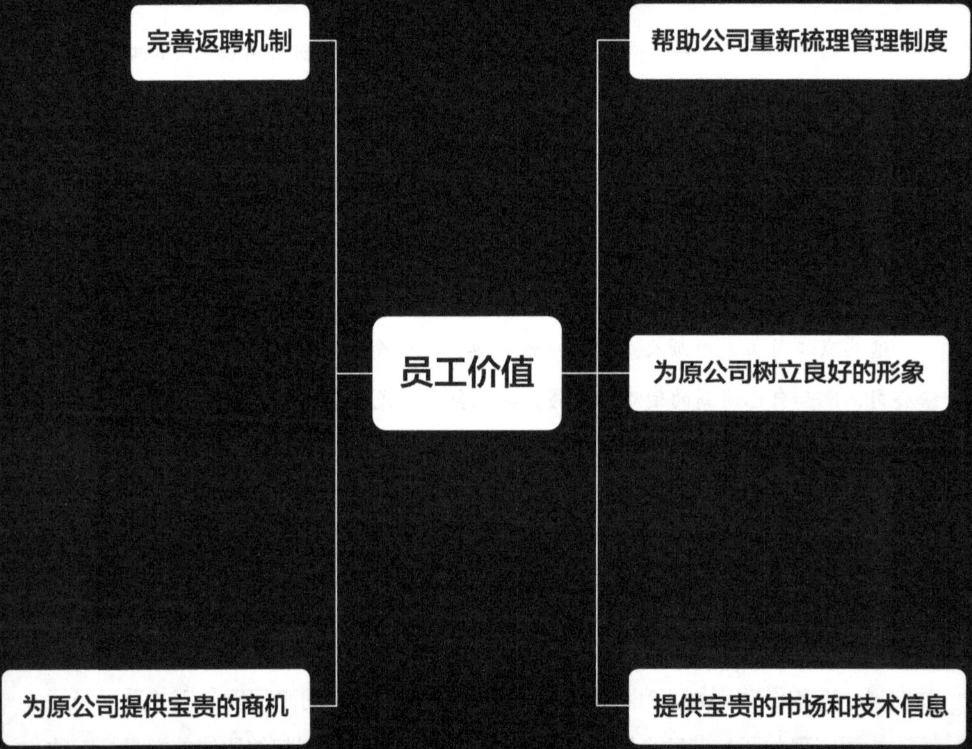
员工价值
完善返聘机制
为原公司提供宝贵的商机
帮助公司重新梳理管理制度
为原公司树立良好的形象
提供宝贵的市场和技术信息

3.6 认清员工价值：一个员工也能创造百万价值

在许多管理者的固化认识中，离职之后的员工已经与企业脱离了所有联系，理所当然，不会再为公司创造财富，没有任何利用价值。真的是这样吗？

在我看来，离职员工仍然是原公司的一项重大资源。假如管理者能够看重并善待离职员工，他们可能会成为公司的未来帮手，而不是潜在敌人。著名咨询公司麦肯锡的资深专家马尔里克博士说："新草看上去可能更绿一些，但事实往往并非如此。在第一次使用它们时，你也许没有发现它们真正的价值所在，但在第二次使用它们时，你就可以发现金矿。"因此，麦肯锡公司为离职员工建立了"麦肯锡校友录"，长期以来致力于维护公司与离职员工的关系，把离职员工看作公司的潜在客户。

我认为离职的员工，无论是主动离职的，还是被动离职的，他们都是公司的隐形资产，因为他们还具有我们不可忽略的价值。这些价值包括：

1. 帮助公司重新梳理管理制度

一个员工的离开有如下很多原因：

个人方面的原因	企业方面的原因
不适应企业文化 职业倦怠 人际关系不好 工作压力大 家庭原因 ……	企业薪酬福利缺少激励性 职业发展空间过小 竞争机制不合理 ……

管理者可以通过面谈，获得员工对企业客观真实的评价和回馈，特别是那些员工在职时不敢讲的负面意见，更要作为重点内容来记录，这些都有利于企业日后的改进和提高。

员工离职率也是反映企业内部人力资源流动状况的一个重要指标。离职率太高，表明企业的员工情绪波动比较大，劳资关系存在较严重的矛盾，企业的凝聚力下降，容易造成人力资源成本增加、组织效率下降。当然，员工的离职率也不是越低越好。维护优胜劣汰的人才竞争制度，保持企业的充沛活力和创新意识，都需要通过管理者将人员流动率控制在良性范围内来实现。因此，企业人事部门的重要目标之一，便是在保持企业生存活力的同时，让优秀人才稳定地留在企业内部。

2. 为原公司树立良好的形象

大多数的离职员工都曾在原公司受到过企业文化和经营理念的良好熏陶。他们传承着企业精神，表现着企业文化，即便是换了新公司、新岗位，他们的一言一行也都留有原公司的烙印。所以，他们将成为原公司真实的活广告、原公司品牌形象的宣传者和维护者。

都说日久生情，通常在一个企业工作时间比较长的员工，在离职以后，他们很可能会以客户或商业伙伴的新身份继续支持和拥护原公司的产品和服务。而且，这种深厚的感情还会驱使他们在日常生活中宣扬原公司的组织形象，在关键时刻维护原公司的声誉。由此，企业的品牌竞争能力和社会影响力持续升高，这就是离职员工为公司创造的大量财富。

3. 提供宝贵的市场和技术信息

在激烈的市场竞争中，谁掌握了信息，谁就抢占了市场先机。具有丰富的知识素养和从业经验的离职员工一般都会继续从事原本的行业，这样一来，他们既可以给原公司提供市场信息、技术资料、创意想法，让原企业获得更多行业内有价值的信息，抢先把金点子收入囊中，又可以将现供职公司的经营管理经验传授给原公司，帮助原公司改进工作。

4. 为原公司提供宝贵的商机

一位前ANTAL国际员工，离职以后加入一家知名制药企业，担任中国区的招聘主管。恰好ANTAL国际的业务范围也包括提供该行业的人才招聘服务，借助完善的离职者管理流程，ANTAL国际和该员工一直保持着融洽关系，因此双方很快就达成了合作，大大减少了接触和建立信任的程序，节约了成本，提高了效率。

可见，良好的离职管理，有利于企业与前员工保持一种和谐、稳健的关系，在这个基础上，企业就可以合理利用现有资源进行战略决策，及时把握宝贵商机，与离职员工展开不同于以往的深层次合作。

5. 返聘机制：一个高性价比的人才库

很多公司将离职员工当作“叛逃者”永不录用，这是非常不明智的。我认为，从某种角度看，再次回到公司的老员工比新员工更有价值，他们走出去再回来之后，不仅还保留着对原公司的充分了解，而且还会带回更多样化的发展经验，他们的身上兼具着稳定性和创造性。这种返聘机制，一方面可以大大降低招聘成本，另一方面也有利于企业开发更多项目、创造更多业绩。对原来的企业来说，这些离职员工本身就是一个高性价比的人才库。我们国内一些大型企业如腾讯、华为，就特别喜欢返聘满足条件的员工。

在我看来，离职管理的难点在于如何促成观念上的转变。在眼光长远的企业管理者的认识中，离职员工是公司的忠实朋友和优质资源，他会将其当作一种宝贵的人才资源来经营，每一次接触离职员工，都是在寻找创造企业价值的机会，这样也能使离职员工的全部价值得到充分体现。这是一种人才的延续管理，也是一种高明的人才战略。

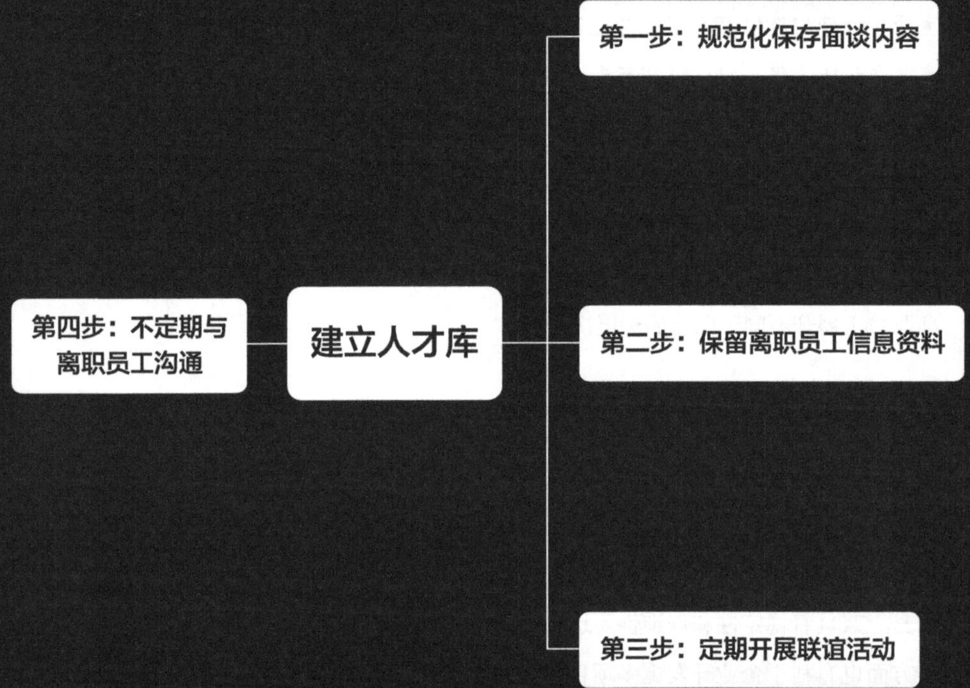
建立人才库
第一步：规范化保存面谈内容
第二步：保留离职员工信息资料
第三步：定期开展联谊活动
第四步：不定期与离职员工沟通

3.7 建立人才库：保存有价值的信息

人力资源的宝贵程度人尽皆知，可是最近几年国内一些大中型企业常常面临着人力资源危机。我和我的团队在最近几年的调查中发现，国内大约有1/3的企业受人力资源危机的影响，拖慢了企业的正常发展。

当企业遭遇经济下滑危机、开始大面积辞退或裁员时，虽然节省了企业人力成本，但也让更多的人才流失掉了，同时因为后备人才力量不足，导致企业步履维艰，发展缓慢。这就警示我们平时要做好人才储备工作，让后继力量跟上，以应对突发的辞退或裁员事件。

我们都知道，为了防止计算机里的文件损坏和丢失，计算机都具有“备份”功能。同样的道理，企业也需要进行人才的备份、人才的储备，这是防止因员工流失而给企业带来损失的一个重要手段。

做好人才储备工作，不仅是为了满足企业快速发展对人才的迫切需求，预防员工的频繁跳槽以及裁员后无人可用，为关键岗位预备替补队员，更重要的是，可以搭建一支精英团队，这个团队具有结构合理稳定、适应企业未来发展要求的优势。

首先，企业需要建立涵盖广泛的人才储备库。国内外一些先进公司的人才库会为一些关键性职位事先制订好接班计划，做好相应的人事准备，这样即便在经济萧条时期，核心人员离职后也不会对公司造成很大影响。海尔集团在这方面做得比较完善。

同一个产品的研发工作，海尔会分配给国内国外多个科研机构同时开发，同一尖端技术岗位至少有两位以上的员工就职，同时海尔还花费人力、物力加强人才库管理和技术培训，以保障少数技术人员的离职不会对企业产生太大影响，也让某项关键技术不会只被少数人独占。

而对于一些技术含量并不高的岗位，只要足够重要，海尔也会启动“后备替补人员”培养计划，让候选人提前熟悉将来会从事的工作，只要岗位出现空缺，他们就可以在最短时间内胜任工作，企业由此降低了空职成本。

在建立人才储备库的同时，还要建立一个自动化的人力资源信息系统，将企业内外部有关人力资源的信息集成为一个信息包，可以方便和增强管理者对这些信息的管理。

企业内部信息	企业外部信息
在职人员信息 离职人员信息 人才储备信息 员工工作动态跟踪信息 ……	同业人员信息 同业人才需求信息 人才供给信息 ……

例如，通过离职人员信息，企业能够随时了解员工离职率变动、离职原因，还可以更好地制订用人和留人策略，及早采取相应措施防范人力资源的流失；通过同业人员信息，企业可以了解到其他企业特别是直接竞争对手的员工薪资福利水平，以此帮助自己制订更有吸引力的薪酬政策，从防范薪资矛盾的角度来避免人才流失；通过人才供给信息，企业可以在原有人才流失后，快速有效地引入外部优秀人才填补空缺岗位。

需要指出的是，在建立人才储备时，管理者千万不要忽视校企合作，这有利于企业人才的储备和可持续发展。阿里巴巴为解决外贸企业电商人才缺口问题，就曾联合政府、高校、企业、培训机构等各方力量共同发起“百城千校，百万英才”的项目。

其次，企业还应该建立离职员工关系管理数据库。前面讲过，一个员工即便离开了公司，也会拥有巨大的“剩余价值”。要想保存这种价值，就需要原公司留有所有离职员工的资料，与他们保持适当往来。

在这方面，麦肯锡公司和贝恩国际咨询公司都做得非常好，值得我们借鉴。

案例一

麦肯锡校友录

作为美国老牌企业，麦肯锡咨询公司为了便于离职员工的管理，制订了离职员工的花名册，这就是著名的“麦肯锡校友录”。麦肯锡将员工离职当作“毕业离校”，离职员工就是他们遍布世界各地的“校友”，这里既有CEO等高级管理人员，还有教授、政治家等。随着这些离职员工职业生涯的发展，他们将会成为公司的潜在客户，这无疑是一大笔资源。据统计，这些离职员工为公司带来的业务几乎占到了公司业务的一半之多。

案例二

贝恩国际的离职员工数据库

另外一家战略咨询公司贝恩国际，也建立了一个存有2000多名离职员工资料的离职员工数据库。贝恩国际专门设立了“旧雇员关系主管”这个岗位，不仅定期更新离职员工的职业生涯变化情况，还会向他们发送公司内部信息，邀请其参加一些公司聚会。

公司执行董事汤姆·蒂尔尼说：“人员流失并非坏事。我们吸引了最优秀和最聪明的人才，而这些人往往也是最难留住的。我们的工作是创造有价值的事业，使他们多停留一天、一个月或一年。但如果你认为能永远留住人才，那是愚蠢的。你应该在他们离职之后，继续保持与他们的联系，把他们变成拥护者、客户或商业伙伴。”

虽然麦肯锡和贝恩国际咨询公司的做法不一定是每个企业都适用的，但他们对待离职员工的态度却是任何一家公司都可以效仿、借鉴的。

具体来说，应该如何建立离职员工人才库呢？

第一步，从员工提出离职的第一天开始，管理者要把与员工的所有面谈内容用规范化的文件表格保存起来，便于周期性统计分析和改善人力资源管理。

第二步，为了能与离职员工保持联系，管理者要保留离职员工过去的信息资源和通信方式，并为此建立一个专门的数据库，进行实时监控和跟踪调查，不断动态更新数据库。这个数据库需要包括以下内容：离职人员的姓名、原职务、地址、电话、新单位、新职务，甚至结婚生子这样的小细节也可以保存进去。

第三步，定期开展一些联谊活动。比如，管理者可以给这些离职员工定期寄送一些公司刊物，及时告知公司的一些新信息、新发展战略，邀请这些员工参加公司年庆，为他们送上生日礼物等。这些活动最好能根据每个员工的不同情况进行细分，因人制宜地为他们提供最适合的活动，让其感受到来自原公司的关怀和归属感。

第四步，管理者还应不定期地与这些离职员工沟通交流，建立了一种良性的人际互动。管理者以朋友的身份、选择轻松的场合与离职员工谈话，话题内容要广泛且具有一定弹性。

最后我要提醒大家，员工人才库的建设是一个长期工程，需要其他制度体系作为辅助支撑。比如，良好的企业文化、和谐的劳动关系、适合市场价位的薪酬、便利的上下班条件等，这些都会对人才库的使用结果产生影响。

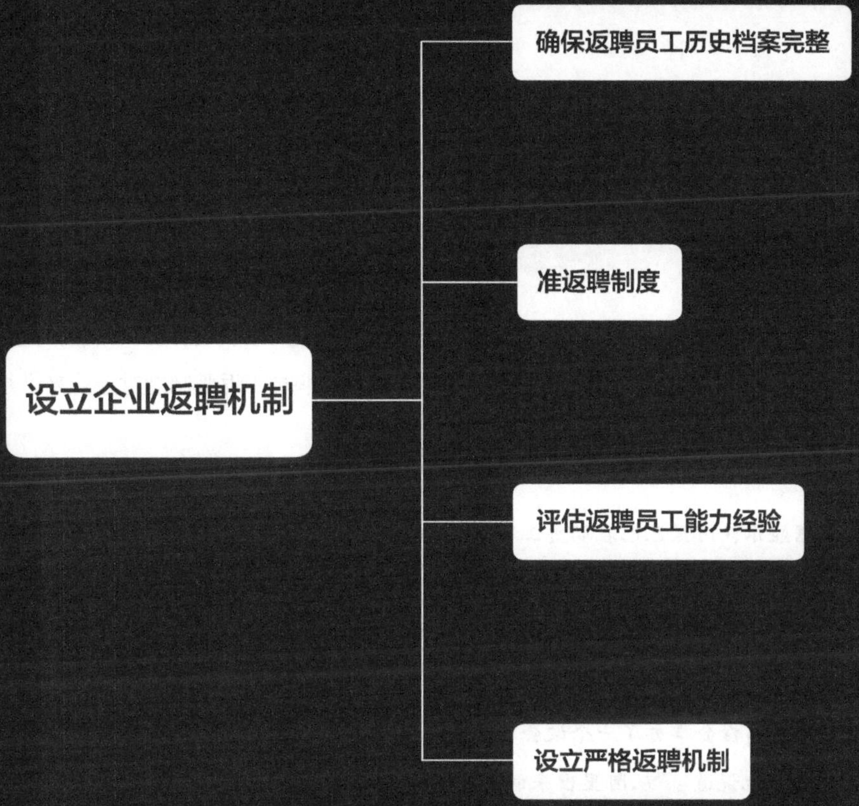
设立企业返聘机制
确保返聘员工历史档案完整
准返聘制度
评估返聘员工能力经验
设立严格返聘机制

3.8 好马也吃回头草，设立企业返聘机制

绝大多数公司都会表示，那些曾经离开过公司的人无论表现有多么出色，他们也从来不考虑再次任用。然而实际上，建立完整的离职员工返聘制度对企业来讲是必要的。

数据显示，阿里巴巴在职员工有3万人左右，离职员工却高达5万人左右。2010年，阿里巴巴的离职员工内部出现了一个圈，大家叫它“前橙会”（这“橙”来自阿里巴巴的LOGO）。在这个圈里，有很多的投资和猎头机构，他们准备随时“抢宝”。

有一次前橙会举办了一个聚会，在会上，经纬、软银等多个创投机构的投资经理半开玩笑地说道：“从阿里出来的创业者，公司估值要比其他人多20%以上。”这句话一出，让阿里管理层意识到了公司正在浪费人力资源。

于是2014年前后，阿里巴巴的人力资源部门经过研究决定，开始启动人才回流计划，邀请在外面单飞的老员工们“常回家看看”。阿里巴巴还专门成立了机构校友会，阿里的董事局主席马云和蚂蚁金服CEO彭蕾都会到场为员工们打气。马云把这些离职员工称为“敌前、敌后的5万外援”。这些外援就是阿里巴巴的强大后盾。

由此可见，为了充分利用好人力资源，管理者不能决然地对离开的员工关上

“回家”的大门，反而需要敞开大门，吸引更多“吃回头草”的人才。

有些企业在裁员后会开展一些小范围的招聘，然而新员工从上手再到熟悉业务是有个过程的，而且培养成本也不可忽略。

如果拿离职员工和新员工分析对比，肯定是那些离职员工更为熟悉企业文化和业务流程，只要回到原公司，就能马上上手工作。而且无论是普通员工，还是管理人员，不同的环境和工作内容把他们打磨得更优秀，阅历也会随之增加，可以为企业的多元化发展起到积极的影响。再者，员工的回归决定往往是经过深思熟虑的，他们对原公司的忠诚度也更值得信赖。

前面已经提到过，企业培养新人的成本高达离职员工薪水的1.5倍，所以找一个熟悉本职工作的离职员工与招聘一个新手的成本相比要低得多。调查显示，通过积极返聘前任员工，某些世界500强企业每年大概能节约1200万美元的成本。

因此，无论从哪个角度来看，为被裁或离职员工建立返聘机制，不仅仅是一种人性化的管理模式，也是为企业再次开拓业务提供方便。

当开辟返聘通道时，还要注意这样几点：确保返聘员工的历史档案足够完整；重新评估返聘员工的能力与经验，保证该员工与现有岗位的匹配性；设立严格的返聘条件，对返聘次数、时间等内容进行要求；对于特别优秀的员工，可以采取“准返聘制度”，比如对一些离职学习或出国的员工，可以重点考虑。

历史档案完整

评估返聘员工

设定返聘条件

重视“准返聘制度”

第四章 留人更要留心，如何安抚在职员工

根据蝴蝶效应（一只蝴蝶扇动翅膀会导致天气的变化），一个员工离职极有可能引起其他员工也产生离职的想法。试想一下，若是企业员工把自己的时间和精力都花费在迷惘观望，或是物色新工作上，如何做好自己的本职工作呢？企业必会因此遭受损失。比如，员工工作时不尽心尽力、员工流失率居高不下、用人成本持续上升……这些附带后果，恰恰与企业调整人员的本意背道而驰。因此，裁员后管理者必须协调好“辞退者”和“幸存者”之间的平衡，处理好内外矛盾，并对留下来的在职员工予以有效管理。

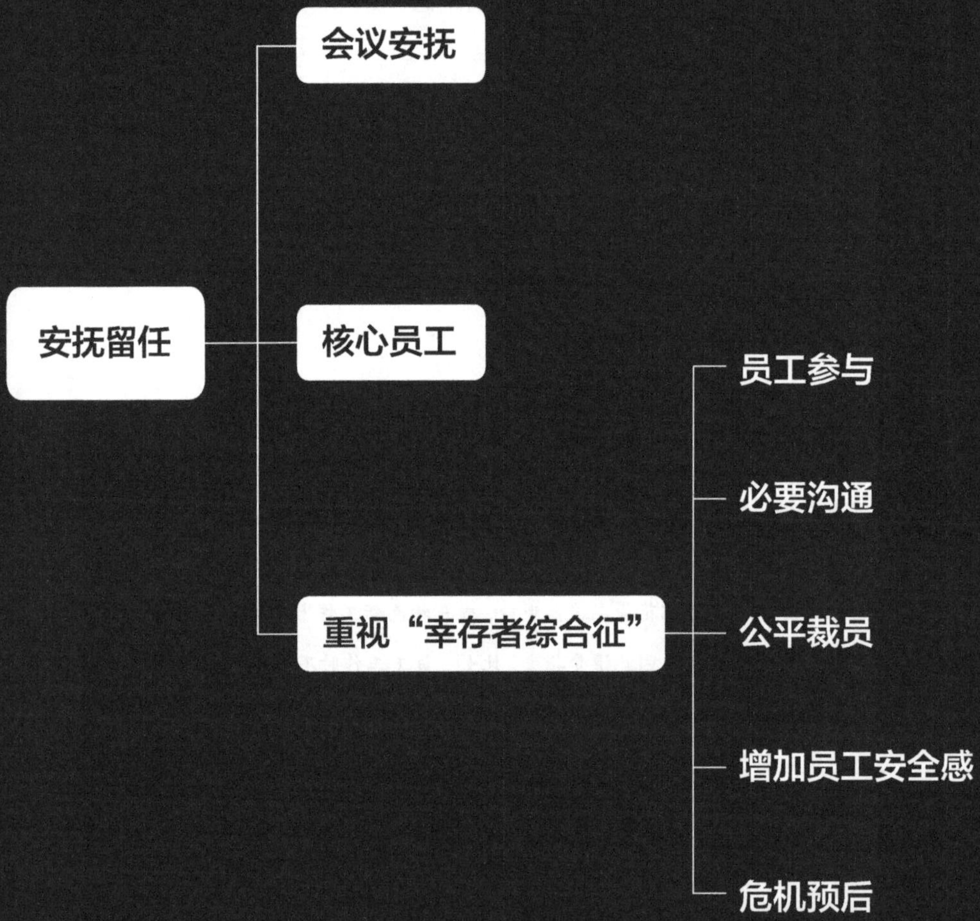
安抚留任
会议安抚
核心员工
重视“幸存者综合征”
员工参与
必要沟通
公平裁员
增加员工安全感
危机预后

4.1 安抚留任，让人才更稳定

召开会议安抚留任员工的情绪

每个公司里的人力资源有去有留，这是很正常的。在企业辞退员工时，也会给留下来的员工带来巨大的心理冲击。因为虽然这些“幸存者”得以有资格继续为公司的未来奋斗，但是他们此时的内心会因为辞退或裁员事件对公司产生疑虑，比如他们最想知道自己的职位有没有变化？工作任务和目标有没有变化？公司目前的财务状况究竟怎样？……这种不安情绪往往很久都挥之不去。

对此，管理者不要假装什么事情都没有发生过，或认为这只是一件小事，这样只会让其他员工内心产生更多质疑，担心下一个被辞退的可能就是自己。当辞退工作处理不当时，这些“幸存”员工的士气必然会受到严重影响。

因此，当辞退工作完成后，事情并没有画下句点。管理者应该在第一时间把这个消息传达给公司里留下来的人，还要召开一个团队会议，进行一下“事后沟通”，对一些疑问进行说明，消除他们的顾虑和误会，避免谣言四起，增强彼此信任，让他们全身心地投入工作中去，然后才能继续领导团队顺利前行。

在团队会议中，管理者可以这样做：

- 简单地解释一下具体发生了什么事情。比如你可以说："某某昨天被辞退了，因为他总是习惯性迟到。"或者说："某某被辞退是因为他连续几个月以来，工作都没有任何进展。"不要说太多的细节问题，也不要详细说你是怎么做决策的，更不要批评和指责被辞退的员工。
- 解除团队成员的疑虑，告诉他们辞退这个员工与他们自己的工作表现没有一点关系。
- 坦言对于整个团队来说，这是一个非常困难的时期，而且还要告诉大家你知道大家对于这件事也同样感到难过。
- 告诉大家你将计划如何找人来填补这个空缺，以及这个员工离开公司以后，整个团队的工作重心是否会发生变化。
- 会议结束后，你可单独安排一些时间与每个员工进行一下交流，听听他们真实的想法，看看他们还有什么顾虑，并帮助他们调整情绪，询问一下怎么才能帮他们度过这一艰难时期。

管理者如果试图回避一些关键问题，那么这次事后沟通很可能就是失败的。雅虎公司解除CEO卡罗尔·巴茨职务事件就是一个典型例子。

"告诉我，为什么我不应该辞退你？"这是铁娘子卡罗尔·巴茨的一句名言，如今这句话不幸应验到了她自己的身上。2011年9月7日，雅虎宣布解除CEO卡罗尔·巴茨的职务，临时让首席财务官蒂姆·莫斯接替她的工作。巴茨说，雅虎主席博斯托克通过电话告诉了自己被辞掉的消息。

为了安抚员工的情绪，为了迅速消除CEO被辞退带来的负面影响，第二天雅虎公司迅速在总部召开了大约30分钟、有数千名员工参加的全体会议。雅虎高层告诉大家，公司正在做"正确的事情"，还要求员工"继续做好自己手头的工作"。临时上任的蒂姆·莫斯为了提振员工信心，他表示相信"雅虎的未来和员工的智慧"，并把话题引到了"雅虎会重新返回到快速增长的轨道上、成为业界创新的领军型企业"这样正面积极的方向上来。

事实上，巴茨的员工支持率仅为33%，因此对于这次辞退事件，多数雅虎员工认为巴茨无所作为、缺乏远见、执行力不强，本应该得到这样的结果，他们所持的是接纳和庆祝的态度。这时的雅虎员工更有兴趣知道前CEO巴茨到底怎么样了。他们问了两个关心的问题：一是董事会在6个月前公开宣布支持巴茨，又突然在周二宣布辞退她，原因何在？二是巴茨居然获得了1040万美元的赔偿金，如此高额，是否合理？但是雅虎高层最终回避了这些问题，这令部分员工感到非常失望。

在辞退工作中，像雅虎那样回避是解决不了问题的，只会让更多的留任员工心存质疑、感到失望。管理者只有真诚地面对一切，做好与相关劳动部门、公司管理层、部门主管及全体员工（包括留用和被裁员工）的沟通工作，才能更好地解决问题。

通过核心员工稳定局面

企业辞退员工或裁员之后会处于一段敏感时期，一些生性敏感的员工会因此情绪不稳，甚至会闹出一些事件，若是企业人力资源部门用简单粗暴的方法草率处置，很容易引发人力资源危机。管理者一定要处理好这段时间的员工关系，获得员工的理解，特别是要稳定住核心员工。

核心员工是企业的稀缺资源，对公司发展具有极其重要的影响，并在某些方面具有“不可代替性”。原因在于，核心员工所任职的工作岗位都是比较重要的，具有较高的专业技术和技能要求，而且培养这些核心人员往往会花费企业大量的人力、物力。核心员工的稳定是企业稳定的根基，他们能在企业有异动时迅速稳定住局面。一旦核心员工离开了，企业的正常生产经营必然会受到不良影响。而且，想要马上找到合适的人填补空缺岗位也非易事，就算能立刻找到，企业也需要付出招聘成本和培训费用。

所以，管理者在辞退员工或大幅度裁员之前，得到企业核心员工的支持和理解格外重要，这样才能让他们发挥出帮助稳定大局的作用。

想要消除核心员工内心的焦虑和不安情绪，企业必须对他们的疑虑给予比较清晰的答复，比如裁员后企业新的组织目标、业务方向、岗位任命、进度推进时间表等。人事部门可以和部门主管一起与留任的核心员工进行沟通，了解他们的想法和困难。

在尚不明确自己是否被留任时，核心员工会缺乏积极性和创造性。企业业务部门可以为核心员工制订一些短期项目，让他们明确知道自己是被留下来、被重用的，这样就能让这些人及时从裁员的影响中解脱出来，将注意力集中在工作上。已经在操作中的计划和方案，最好不要因为突然出现的裁员而就此搁置。

同样重要的是，如果管理者不打算找人来填补离职员工的职位空缺，或者觉得另外招聘一个新员工要花一些时间，那就要从团队内部找一些与被辞退者具备同样技能的核心员工来承担一些任务。也许这些核心员工并不希望改变他们目前的工作状态，这也是可以理解的，但管理者一定要向核心员工明确解释这么安排的原因和意义。

为表达公司的重视，管理者还可以给这些核心员工提高一些待遇，比如更好的工作环境、深造与提升的条件、公平的报酬、稳定的福利，让他们对企业和个人的将来发展有个合理判断。同时，积极实行企业内部的鼓励和奖励计划，及时表彰核心员工做出的正面榜样行为，重塑核心员工对企业的信心。其中，加薪是一个好手段，但并不是唯一的手段，对核心员工而言，他们更重视的是能力被肯定、职位被提升等。

当核心员工得到了安抚，他才会在公司的最关键时期挺身而出，帮助我们安抚好其他团队成员。可以让核心员工配合管理者与每个团队成员都沟通一下，了解他们实际的需求，做个表格，记录团队成员的想法。

管理者还要和核心员工一起商量一下，如何才能有效地重新分配工作。对于已经留下来的团队成员来说，对项目和任务的重新安排既要做到现实、公平、可操作，又要充分调动大家的积极性，使他们保持较高的工作效率。

重视“幸存者综合征”

有一次，我在一家公司做压力管理培训，中间休息时，这家公司人力资源经理上前悄声问我：“最近我正帮着公司做裁员方案，全公司上下都唉声叹气。说实话，我压力也挺大的，现在公司的人越来越少了，接下来会不会也轮到我们人力资源部门被裁了？”

这是一个非常值得重视的问题。随着经济的不景气，很多管理者感受到裁员潮的杀伤力。事实上，被辞退者会有心理困扰，留下来的员工心里同样也会不好受。尽管他们保住了工作，会更加珍惜生存的机会，但也对企业和自身的前途充满疑虑，不了解公司的战略方向，感到未来充满了不确定性和不安全感，也不确定自己的位子是否牢靠，时刻担忧下一个被辞退的就是自己……他们会因此出现多种心理问题。

心理学家把这种现象称为“幸存者综合征”。当一个公司发生大规模的机构重组或裁员后，其内部最容易出现“幸存者综合征”。哥伦比亚商学院的“幸存者综合征”研究组织首席专家乔沃尔·布洛克勒教授说：“幸存者会因为自己能活下来而觉得幸运，但另一方面，沉重的消极情绪依然占较大比重，积极情绪则显得微不足道。因此在幸存者的脑海中，有些声音不断回响——‘事情或许根本没有结束’‘我说不定就是下一个遇难者’。”

下面的案例正是一个“幸存者综合征”者的真实写照。

陈小姐在一家外资公司里当了几年的行政经理。一直以来，她工作出色，态度端正。可是好景不长，受国际经济形势的影响，公司准备进行裁员。在这段时间，陈小姐因为担心自己被辞掉，所以一直很焦虑。终于熬到公司裁员名单下来了，陈小姐成了被留下来的幸运儿。

虽然留下来了，但陈小姐并不开心，反而更加焦虑不安，晚上经常失眠。看着留下的同事们一个个像冰冷的机器般毫无生机，再看看老板也是满脸愁云，苍老憔悴，陈小姐常常陷入无休止的疑虑之中："下一轮被裁的人会不会是我自己？""公司是否还有发展？""与其这样，倒不如主动辞职，彻底给自己放个假……"

多数留下来的人都会像案例中的陈小姐这样出现一些身心特征：

负面工作表现	身心状况困扰	不良消极情绪
• 对自身的工作满意度下降，创造力缺失，对增加的工作量感到力不从心，不能准时完成工作 • 对管理者的信任度降低，觉得企业的心理契约和组织承诺已经变得空洞不可信	• 脾气开始变得暴躁，经常失眠，难以集中注意力，出现亚健康，请病假时间增加 • 沟通能力减弱，与同事和领导之间的人际关系变差 • 家庭生活变得紧张	• 充满挫折感，缺乏安全感，担忧焦虑 • 为离职员工感到悲伤和内疚 • 感到自己没有被公平对待，有不满情绪

假如管理者对留任员工身上出现的这些问题视而不见，没有妥善处理裁员后遗症，很容易使组织的高效率运行发生紊乱，对公司造成诸多负面影响。这就好像一个肥胖的人在减肥，在减掉了多余的脂肪后，如何让现在的身体保持健康，才是企业在裁员后应特别关注的问题。

想要预防"幸存者综合征"的出现，必须让所有员工都清楚公司裁员是有利于公司整体的，即使有一天自己也被裁掉了，也会得到很好的待遇，以此消除留下来的员工的所有顾虑。具体而言，管理者可以这样操作：

1. 让员工参与进来

员工往往对于组织与工作有着自己的想法，在裁员决策过程中，如果能增加这些有想法的员工的参与度，不仅使组织受益匪浅，也能使其感受到信任和支持，认识到自身价值。

纽约某家网络公司的高层在一次交谈时私下透露给两个部门经理一个重磅消息："公司最近因为业务计划变更，所以决定撤销你们管理的这两个部门，隶属这两个部门的职员需要辞退，不过我希望你们两位可以留下来。今天下午，我会正式宣布这个消息，希望你们可以暂时保密。”

A经理听完，感觉很气愤：“为什么我不能告诉我的下属？现在告诉他们，和下午告诉他们有什么区别？这样欺瞒他们，我会很难受。”

B经理的注意点则不在这里，他质问道：“这么重大的决定，为什么事先没有通知我们参与讨论？为什么忽视了我们的意见？”公司对他的轻视，让他感到非常不满，于是没多久就毅然决然地递交了辞呈，谢绝了公司的挽留。

显然，这家公司如此硬性的做法，最终招致了相关员工的不满和出走，使公司损失了多位核心人才，在某种程度上也影响了企业的形象，最终势必会影响到公司的整体绩效。

这种独断专行的裁员风格也许是出于一种无奈，但毋庸置疑的是，如果能够给员工一些参与决策的时间和空间，裁员对员工的冲击必然会有所缓解。

2. 进行必要的沟通

我一再强调，沟通是裁员中一个非常重要的因素。我在调查中发现，那些裁员时沟通好的公司相较于那些裁员时沟通差的公司，员工出现“幸存者综合征”的概率要小很多。因为充分的沟通可以避免不实谣言的传播，消除公司与员工之间的误解，加强彼此之间的信任。

此外，人力资源管理人员可以为留任员工设计出更为明晰和恰当的职业生活规划，将企业的信任和期望明明白白地告诉他们，争取使他们在尽可能短的时间内重整旗鼓，快速投入新的工作当中。

3. 建立公平的裁员标准

社会比较理论认为，将自己的投入产出比率和别人的投入产出比率做比较，是一种很常见的心理行为。若是这个比较结果显示出自己在裁员过程中并没有被公平对待，那么“不患寡而患不均”的情绪就会出现，逐渐演变成“幸存者综合征”。

在裁员过程中，尤其是做裁员决定时，管理者有必要遵守公平原则，决策必须一致，不要有人为的偏差，否则就会影响到留任员工对企业的信任。

4. 增强员工的安全感

安全感永远是人类最基本的需要，不管是现在还是以后。“也许倒霉的本该是我”，有些留任员工或许会这样看待自己的幸运，他们往往会因为感到内疚而陷入巨大压力中，惶惶不可终日，整日忧虑如何摆脱这种不安全感，以至于忽略了工作本身，长此以往，整个企业也会变得“不安全”。

维持留任员工的信任、重建其安全感的最好办法是，在整个裁员的前后过程中，管理者的言行举止尽可能地公开、透明和坦率。此外，管理者还要建立清晰的标准来衡量谁去谁留，才能大大减弱留任员工的负罪感。

5. 成立危机后干预小组

在裁员后，公司最好聘请心理专家组建危机后干预小组。管理者可以将留下来的人员分成若干“治疗小团体”，每组由一名心理专家带一名助手负责小组活动，让团体成员将自己的心情宣泄出来，还可以将自己处置心情的方法与其他人分享，从而到达调适心理的目的。

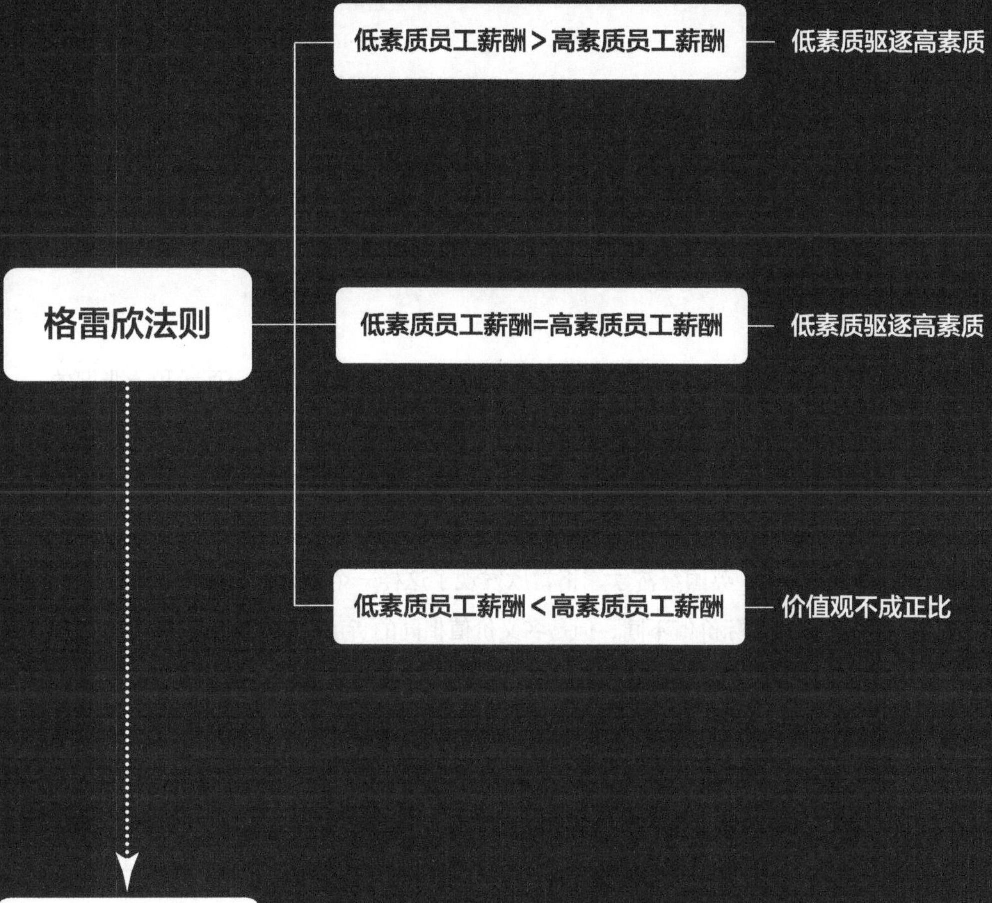
格雷欣法则
低素质员工薪酬 > 高素质员工薪酬
低素质驱逐高素质
低素质员工薪酬=高素质员工薪酬
低素质驱逐高素质
低素质员工薪酬 < 高素质员工薪酬
价值观不成正比

4.2 留住有价值员工，避免一般人才驱逐优秀人才

我们都有过这样的经历：当你的钱包里同时有一张崭新的一百元和一张旧的一百元，你会先花掉哪个？我想绝大多数人肯定都会把旧钱花掉，出于对新钱的偏好，人们会把它收藏起来。这样的结果是，市场上流通的新钱越来越少、旧钱越来越多。这其实就是格雷欣法则的最初萌芽。

在400多年前，英国经济学家格雷欣发现了这样一个有趣的现象：如果现在同时流通的是两种实际价值不同、但是名义价值相同的货币，那么实际价值较高的货币（良币）必然会退出流通，或是被收藏，或是被熔化销毁，或是被输出到国外；而实际价值较低的货币（劣币）则会充满整个市场，最后劣币在市场上泛滥成灾，导致货币流通变得不稳定。人们把这一法则称为劣币驱逐良币规律，也叫格雷欣法则。

格雷欣法则反映了这样一种现象：好的东西会被收藏起来，坏的东西则到处都是。这种现象存在于我们的各行各业，以及社会生活的不同层面和每个角落。在企业用人过程中，那些优秀的人才本是公司最需要、最合适的人才，但因为格雷欣法则，最后他们却被一些低素质的、不合适的人挤出了公司。

陈元大学毕业后到一家企业的设备管理部工作。这个设备管理部门的主管曾经是基层一线的老员工，基层工作经验丰富，工作踏实认真，为人也特别随和。尽管

如此，整个设备管理部的工作水平却并不高，经常因为设备调试不准、维护保养不到位等原因而影响了整个生产。

为什么会这样呢？原来现代企业的设备技术更新很快，当一些数字技术在设备管理中大量运用时，基层提上来的管理者却因为知识水平不够，只是空有实践经验，却没有现代化理论知识做支撑，所以让他们负责企业的设备管理工作，确实是勉为其难。

其实，在这个设备管理部门里有很多像陈元这样的大学生，他们都是机械设计制造与自动化专业毕业，但是企业却并没有重用他们。主管认为这些刚毕业的大学生太年轻，担心他们做事不牢靠，只是让他们跟在老员工后面打下手，做一些辅助性工作。

当得不到重用时，这些年轻人自然就会心灰意冷，感觉在这家企业没有前途，自己根本没有用武之地。于是他们就对自己放松了要求，工作也没有了积极性。用陈元的话说："这里有老员工顶着，我们跟着打哈哈就行了。"何况，这些老员工的薪酬要比他们高得多，他们认为多拿钱就应该多干活，少拿钱就应该少干活。

最后，这个设备管理部就出现了外行领导内行、外行干内行看的"劣币驱逐良币"现象。

从企业用人机制上，我们该如何避免格雷欣法则发挥作用呢？

首先，现代企业在招聘用人、进行人力资源规划的时候就存在着格雷欣法则，比起重视员工的质量，往往更重视数量，这是对人力资源需求分析不合理、对工作胜任特征分析不深入导致的，结果企业招进来了一些不合适的员工。当这些"劣币"被招进公司后，公司的企业文化就会不同程度地遭到破坏。想避免这种情况，管理者在招聘过程中就要完善招聘政策与程序。

其次，从薪酬管理上来看，由于旧人事与薪酬制度惯性等原因，同样也存在着格雷欣法则。它具有多种表现形式：

低素质员工的薪酬 > 高素质员工的薪酬	低素质员工的薪酬 = 高素质员工的薪酬	低素质员工的薪酬 < 高素质员工的薪酬
这种情况会直接导致低素质员工对高素质员工进行“驱逐”	这种情况可看作第一种情形的特例，也会导致低素质员工对高素质员工进行“驱逐”	这种情况之所以也会成为低素质员工对高素质员工进行“驱逐”的一般情形，是因为两种员工对企业的相对价值不成正比

想要激发优秀员工的积极性，避免格雷欣法则发挥作用，管理者需要运用薪酬规则，建立一套能够针对不同情形灵活处理的薪酬体系，比如支付给有价值员工的薪酬可以突破企业的以往上限，整体提薪之时增大他们的加薪幅度，甚至可以让一些明星员工的薪酬高于他们的上级。

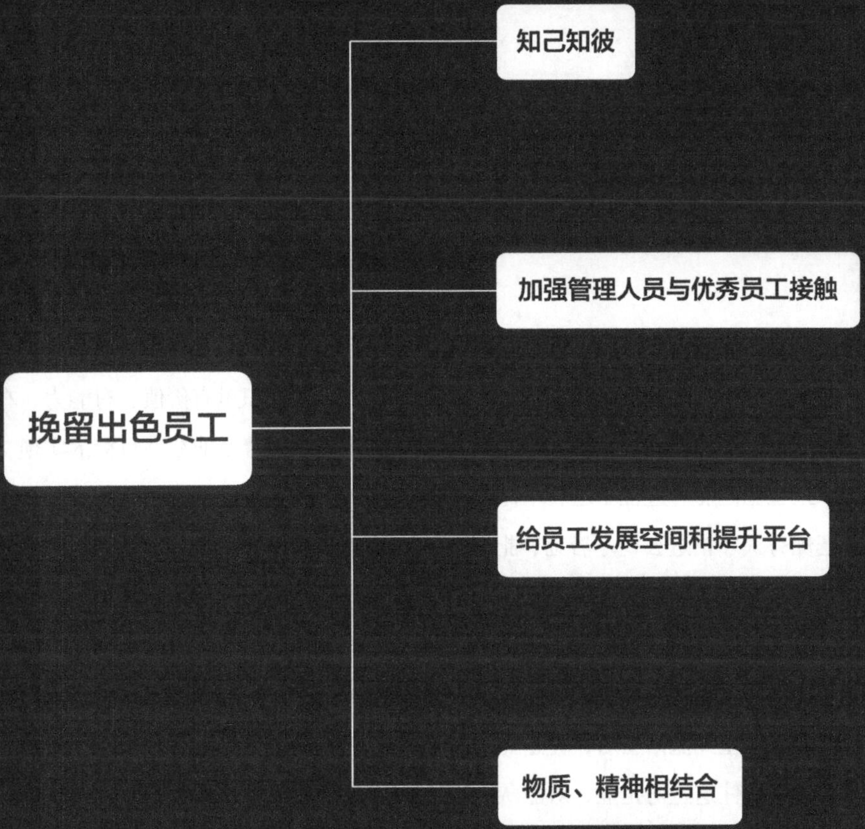
挽留出色员工
知己知彼
加强管理人员与优秀员工接触
给员工发展空间和提升平台
物质、精神相结合

4.3 挽留团队出色员工的4大绝招

“得人者得天下，失人者失天下”，这是古人常说的至理名言。在现代企业管理中，这个道理同样适用，此时的“人”特指一个团队或组织里有价值、有能力、有业绩、有贡献、有潜力的员工，这些优秀人才的存在推动着企业战略目标的实现，在整个企业稳健发展过程中起着不可或缺的作用。

把优秀人才招进公司不容易，把他们留下其实更不容易，因为不管外界经济状态的好坏，这些精英人才从来不会缺乏就业机会，甚至竞争对手的招聘部门一直在对他们虎视眈眈，只等一个合适的机会挖墙脚。如果管理者辜负了优秀员工的信任和期望，忽视了他们的需求和感受，那么他们很有可能“弃暗投明”，把我们的苦苦挽留、殷切重托抛诸脑后，让企业陷入人才流失的困境。

如何挽留住这些对企业、对团队而言举足轻重的员工呢？我总结出四大绝招：

1. 知己知彼，收集员工的相关信息

管理者应该每年至少使用一次访问或调研的方式，对员工有一个全面的认识和判断，了解对方的情况和想法，学会观察每个员工的独特性，方便找到稳定员工的关键因素来投其所好，也可以找到员工在哪些方面对公司与工作存有不满。

首先，需要收集的信息如下：职称等级、团队位置、薪酬、绩效考核、培训、所获奖励等；人际关系、家庭背景、性格特点等；对其员工、客户、合作方的影响

力；市场上同类型人才的供求情况和薪资水平。

其次，拟定一份会对员工产生刺激影响的因素列表，分为会让其感到振奋的积极因素和感到沮丧的消极因素，便于管理者趋利避害。典型的消极因素，诸如被安排连续出差、频繁而不实用的会议、烦琐的书面文件、团队中有讨厌的同事等，这些都会令优秀员工觉得乏味、沮丧、紧张，或是认为在浪费他们的宝贵时间，拖累他们无法专注在有意义的事情上、正常发挥自己的能力。管理者要做的，就是尽量消除这些障碍，解决他们的后顾之忧，让积极因素发挥出正面激励的影响。

2. 从职业规划角度入手，给员工一个发展的空间和提升的平台

对优秀员工而言，事业成功的直接表现就是在公司成为举足轻重的人。假如管理者无法让他们切身体会到自己在公司现在居于什么地位、以后会晋升到什么位置，他们很可能会另谋高就，寻找更好的发展机会和上升空间。

管理者在与员工交流时，可以既表示出对他们工作成果和业绩的满意，也表示出对他们未来发展情况的关心，关注他们的成长，并及时给予反馈、指导和建议，他们会更愿意留下来。因为从管理者的真挚言行中，他们可以获得被重视、被珍视的感觉，也就有了更加努力工作的动力。

当然了，为优秀员工提供职业规划指导不能空口白牙画大饼，必须有理有据，结合员工的个人特征、企业战略、管理方针来得出结论。管理者可以协同员工一起了解他的技术水平、知识结构、社会活动能力等，并且在实践和互动中对这些素质加以完善，让员工认清自己的发展方向和工作方向。最终目的是让优秀员工认识到留在现在的单位踏实工作是最适合自己的正确选择。

如果员工在自己的岗位表现不错，甚至工作能力已经超越了岗位要求，那就应该及时予以晋升。假如暂时没有适合他的更高一层级的空缺职位，那么可以为他安排平级轮岗。对优秀员工来说，他们喜欢崭新的、有活力的、富有挑战性的工作，一个新的岗位可以唤起他们的工作热情，也可以让他们学到更多的技能、积累更多的经验，为以后的顺利晋升做足准备、打下基础。

3. 激励要物质和精神相结合

管理者必须重视和完善薪酬体系，这是和员工的经济利益直接相关的，属于最有效的物质激励，同时建立良好的企业文化，从精神层面加强激励效果。两手抓，两手都要硬。精神激励具有成本低的优势，如果运用得当，在激发团队的成就感、自豪感方面，比物质激励略胜一筹，能够为企业持续发展提供充足的心理动力。

在进行精神激励时，管理者要注意充分了解员工的需求，按需求加以鼓励。如果员工渴求权力，有实现自我价值的强烈需求，管理者就应该适当授权给他们，让其有机会去独当一面地完成某个项目，这可以体现出管理者对优秀员工的信任和肯定。如果员工渴求荣誉，希望自己的履历上有各项殊荣，管理者就应该抓住时机予以奖励表彰，在公众场合表扬他们的突出贡献，或许只是简单的几句话，但对他们而言意义非凡。

4. 加强高层管理人员与优秀员工的直接接触

令优秀员工烦恼不已的事情之一，或许是职位难以上升，或许是薪资达不到期望，也或许是没有高层管理人员知道他们的存在。自己的付出和努力得不到高层管理人员的知晓和赏识，是相当具有挫败感的。这里的高层管理人员，指的是大公司中的部门经理和小公司的总裁。若是想让大公司的总裁知道自己企业里的每个优秀员工，那是不切实际的。

高层管理人员与优秀员工加强直接接触，既是沟通，也是激励，更是彰显榜样力量的好时候。可以从以下几个方面来实现：优秀员工新进公司之时，花费一定时间通过面对面的接触来了解他们的个性、经验和技能；由人力资源部门安排，定期会见工作表现突出的员工，获取关于他们的工作、生活和思想的信息，并且将有价值的信息、需要调整的事务反馈给人力资源部门；管理者也可以找个时间深入一线工作场所，和员工们一起工作、一起吃工作餐，用自己踏实认真的实际行动让员工有所参照。留住员工身心的最强力量恰恰是这种紧密的联系。

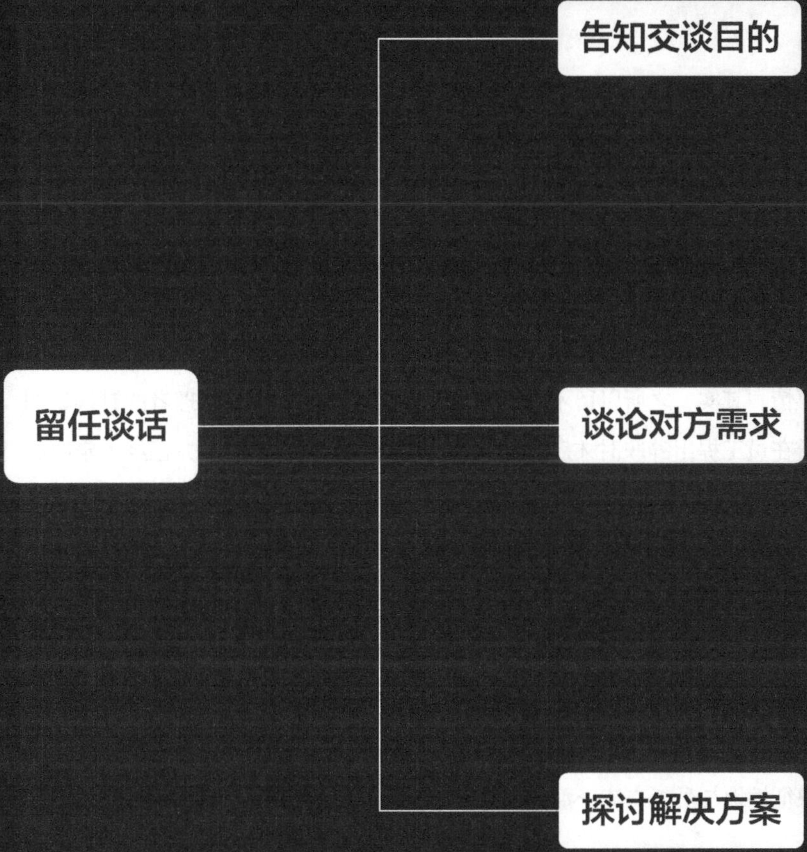
留任谈话
告知交谈目的
谈论对方需求
探讨解决方案

4.4 “留任谈话”这样谈，谁都不会走

人才难以挽留，忠心耿耿的员工更是可遇不可求。这是很多企业管理者经常抱怨的事情。其实，之所以留不住优秀人才，原因有时候来自管理者的错误认知，他们通常在员工提出辞职时才后知后觉地加以挽留，然而这时对方已经下定决心，管理者即便说得天花乱坠也于事无补了。

实际上，每个员工在刚刚进入企业的时候，大多都希望能长久地留在这里工作，却在工作过程中遇到了各种各样的事情，刺激他们或逼迫他们离开公司。如果管理者可以及时发现这些不安定因素，加强沟通、及时调解，很多离职想法都可以被轻松扼杀在萌芽之中。

有些管理者的失败之处，就在于总是等到最后一刻才想起“留任谈话”，而且只是象征性地与员工交流一番，或是完全逃避这样的谈话。这是为什么呢?

- “与工作没有关系的话题，并不是我擅长交流的内容，我很担心言多必失。”
- “比起这些想要离开公司的员工，我宁愿把时间花费在愿意留在公司的员工身上。”
- “他们的工作表现不怎么样，我正愁怎么开除他们呢，既然他们要走，那就赶紧走。”
- “这种谈话就是谈判，员工一定会大谈条件，我若是为了挽留而妥协，会很没面子。”

- “这种谈话不会有很好的效果，他们不会将心比心地和我交流的。”

上述都是管理者对于“留任谈话”的典型想法，很片面、很偏激。

留任谈话的真正定义是：管理者和“有离职风险的高价值员工”定期进行的一对一面谈，是根据具体某个员工及其愿望量身定制的，旨在消除那些会降低工作积极性，诱使他们考虑离职的因素，缓和员工的负面情绪，改善体验，强化留任意愿。

首先，“留任谈话”的对象并不一定就是即将离职的员工，他们也可以是裁员后剩下的那部分员工；其次，“留任谈话”的目的并不仅仅是挽留，它还可以发挥出其他作用，比如坚定留任员工继续留下的决心，解除企业与员工之间的误会，找到企业管理方面存在的不足。

在进行“留任谈话”时，管理者可以参照以下这三个步骤：

1. 告知交谈的目的是提升对方的工作满足感

让我们换位思考一下，当你正对自己的工作感到厌倦、纠结于要不要换个岗位或换个公司，迟迟拿不定主意时，你的上司找到你，敞开心扉地和你说了这样一番话，你会有什么样的感受？

“虽然我没有经常和你聊起这样的话题，但是你我都知道，你对公司、对团队而言都是非常重要的，对我个人而言，也十分看好你，感谢你做出的重要贡献。所以我很难想象如果有一天你离职了，会对我们产生什么样的影响，那一定是很令人惋惜的。我真诚地希望你能与我们继续做同事，大家一起披荆斩棘、一起庆功贺喜……所以，可否请你抽出几分钟时间，我想和你进行一次非正式的交谈，如果你有什么想法、有什么困难和顾虑、有什么需要我们改进和配合的地方，不妨都说一说，大家一起努力，让公司变得更好、更完善，也让我们工作得更愉快、更充实，这是双赢的事情。”

只要管理者说出这番话的出发点是真心实意的，能让员工感受到轻松愉悦的谈话氛围，让他们为管理者会花时间来征求他们的意见而感动，那么话题就可以自然而然地继续下去了。

2. 谈论对方的需求，但不要咄咄逼人

开场白铺垫完之后，对方没有表现出不耐烦和回避，就可以开始谈论具体问题了。在留任面谈中，没有什么强制性的标准问题，管理者不妨尝试从以下问题入手：

- “什么工作会让你感到做起来得心应手？”
- “做什么工作又会让你感觉很吃力？原因是什么？”
- “就现在的工作而言，你还希望为自己提升哪些技能？”
- “你对自己的未来职业规划是否有打算？目标岗位是什么？”
- “最近一次让你在工作中觉得沮丧的事情是什么？”
- “你对公司、部门、团队的哪些制度或做法感觉不妥？有什么建议？”
- “需要我们做点什么来充分利用你的才能与兴趣？”

……

在每个问题被回答之后，你可以继续探询一句：“那么，还有其他原因吗？还有类似的事情吗？”只要你能保持源源不断的好奇心，“留任谈话”一般不会遭遇冷场，尤其当你谈论能令对方感觉身心放松、愉悦的话题时。给他们营造一个畅所欲言、有主导权的交谈环境很重要，所以管理者最好不要摆出一副审讯般的咄咄逼人的姿态，在问题与问题之间可以适当穿插一些次要话题，拉近彼此的距离，引导员工放下戒备心，说出自己的心里话。

3. 共同探讨解决方案

“留任谈话”的目的不仅仅是了解员工的诉求，更重要的是解决员工的问题，帮助其获得想要的东西。

“我希望公司可以给我加薪”“我希望到某某部门工作，在那里或许我会有更好的发展”“我希望在下次有晋升机会时，公司可以优先考虑我”“我不想和某某某共事，如果他是公司不可或缺的员工，那么我会选择离开”……

当员工开始提出自己的要求时，管理者或许会感到为难，有些要求在管理者的

职权之外，有些要求是第一次出现，有些要求真的是无理要求。这就是有些管理者试图逃避“留任谈话”的原因，他们担心自己没有很好地解决问题，反而引发出更多棘手问题，甚至挑起员工和管理者、企业之间的矛盾，让事情变得更糟糕，所以才打了退堂鼓。

其实，有挑战的地方，就会有机遇，有棘手问题的时候，也是一个能激发出独辟蹊径的解决方法的好机会。有能力、有责任心的管理者都敢于在这个时候迎难而上，坦然面对员工。

首先，管理者需要及时给予反馈意见，承认员工的要求或某些要求是合理的（这要以事实为依据，不能全盘接受），这侧面承认了员工对企业的价值，肯定了他的为人、专业等表现良好的一面。

其次，管理者可以充分交流彼此的想法，请对方换位思考，请他理解实现这些要求的难点在哪里、自己的期望值与实际的差距在哪里，表达出“尽管不好实现，但不意味着完全没有可能实现”，给后续交谈留有一丝余地，相互达成一个“谅解备忘录”，取得共同的认知。若是一口回绝，那么“留任谈话”就失去了意义。

最后，一方面，管理者可以建议员工制订实现这些要求的具体方案，比如目标岗位的具体要求、自己应该怎样弥补能力缺陷达到要求、如何耐心等待和把握住升职加薪机会等；另一方面，如果员工的要求具有可行性，那么管理者就应该真心实意去加以落实，并且对这次谈话进行总结，对于引发员工产生离职想法的因素进行处理。

最重要的是，“留任谈话”不是一次性的，它应该成为管理者的一种习惯，融入日常事务中，勤于处理。久而久之，管理者与员工的有效交流越来越多，员工感受到来自上级的诚意和认可越来越强烈，上级和下级在共同设定、推进、调整计划的过程中，实现了集体和个人的利益平衡，既稳定了员工的心，也稳定了企业的发展。

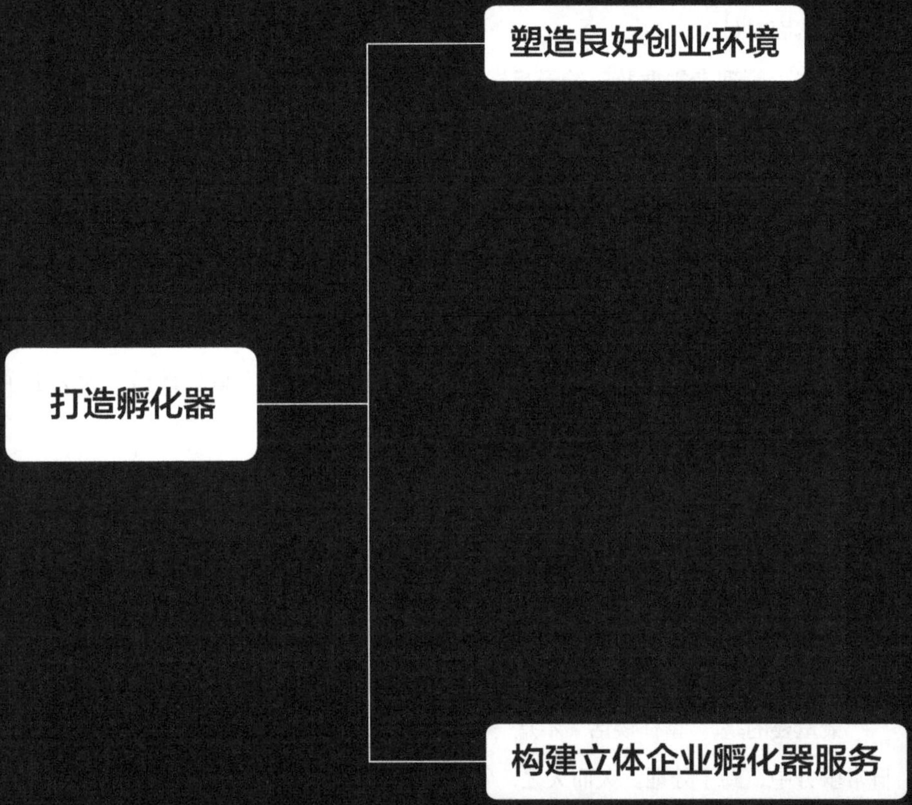
打造孵化器
塑造良好创业环境
构建立体企业孵化器服务

4.5 | 打造孵化器：为现有人才提供靠谱的空间

人力资源虽然是我们企业的一个重要资源，但从某种程度上来说，这种资源的主体是员工个人，是一种不稳定的主动资产。当企业的人力资源激励机制不足或者不合理时，拥有这项资源的员工就会选择离开，资源价值马上就变成了“0”。

对于管理者来说，与其让有价值的员工白白流走，甚至以后成为竞争对手，倒不如一方面以企业发展这个大前提为主要目标，另一方面兼顾员工个人能力的发展和提高，为他们创造发展机会、打造发展平台，甚至开辟另一个空间，提供创业机会。简言之，就是为员工打造孵化器。这样一来，人力资源的管理才会变得平稳。

这个孵化器有什么作用？中国第一个孵化器专业博士颜振军认为，孵化器可以为创业者在创业过程中节省时间、少走弯路、营造创业者聚集效应，提高创业成功率。如果企业能为优秀员工打造孵化器，这样即便有一天他们离职了，雇佣关系不存在了，也可以转化为合作关系。

大多数优秀的员工从公司离职后，都会选择自主创业。在谷歌的离职员工中，有Twitter（推特）的联合创始人之一埃文·威廉姆斯、Instagram（照片墙）的联合创始人凯文·斯特罗姆，他们如今都是举足轻重的人物。

当更多的优秀员工从谷歌离开时，谷歌管理层觉得有必要拿出一些策略应对这一危机。于是在2016年4月，公司在内部建立了Area 120创业孵化器。这个创业孵化器由谷歌的高管唐·哈里森和布拉德利·霍洛维茨负责。唐·哈里森在谷歌主要负责企业发展部门，而布拉德利·霍洛维茨则专注于产品，是谷歌新闻、相册等产品的项目负责人。

这个项目允许员工将他们的“20%时间项目”变为全职项目，鼓励员工研究自己感兴趣的东西。如果他们希望参与这一孵化器，那么在提交商业计划书之后，若是被接受，他们很可能会收到谷歌的投资意向书，获得一个由谷歌投资、建立新公司的机会，并且在此后的几个月时间里，把注意力放在自己的“公司”之上。通过这种方式，员工既可以尝试自己创业，又不用担心失败后没有工作，能够自愿主动留下来的优秀员工比以往更多了。

谷歌的Area 120模式是企业管理机制的创新与完善，非常值得其他企业借鉴。

在我看来，人才流动的问题是客观存在的问题、是必须面对的问题，如果管理者还是用固执的心态、僵化的态度去“解决”问题，那么小问题也会变成大问题。与其任由留不住的优秀员工自己独立创业、把公司做大做强之后再去想办法参与投资，倒不如高瞻远瞩地主动出击，用开放的态度和有效的制度激活这笔隐形资产。为那些有创业想法的现有员工打造一个合理空间，提供一些有利于他们未来职业发展的优厚条件和机遇，就是一个行之有效的办法。

具体来说，企业可以从以下两个方面开始尝试：

1. 塑造良好的创业环境氛围

作为推动企业孵化器发展的重要力量，一定要在企业内部打造出良好的创业环境氛围和创业人文精神。管理者不仅要让员工充分了解何为企业孵化器、自己参与其中有什么好处，还要让企业的组织文化和人文精神与企业孵化器的理念相适应，达到和谐共生。

2. 构筑立体的企业孵化器服务体系

一个完备的企业孵化器服务体系应该具备以下几项内容：物业管理、工商税务登记手续、专业知识培训、融资服务、企业个性化管理咨询服务等。这些内容相互衔接之后，就可以形成联动关系，立体化的企业孵化器服务体系便呈现出来了。

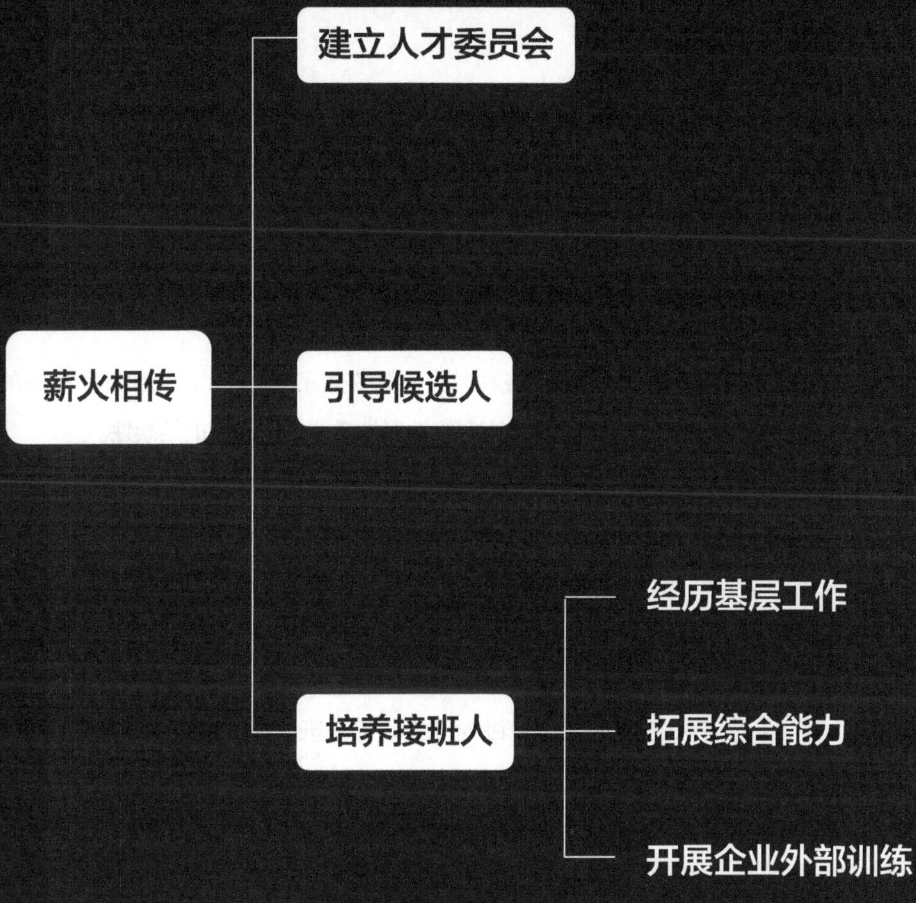
薪火相传
建立人才委员会
引导候选人
培养接班人
经历基层工作
拓展综合能力
开展企业外部训练

4.6 薪火相传，请把下属培养成你自己

为了避免辞退或裁员后引发的各种风险，很多有着长远眼光的企业管理者都在想方设法为重要岗位培养接班人，未雨绸缪地保持企业人才结构的延续性。

培养接班人有什么好处呢？柳传志对这个问题深有体会："以我办联想的体会，最重要的一个启示是，除了需要敏锐的洞察力和战略的判断力外，培养人才、选好接替自己的人，恐怕是企业领导者最重要的任务了。"

培养接班人的最终目的是为企业长远的、健康的发展提供人才。一方面，人才流失导致人才短缺，会使企业的正常经营受到影响，因此想要拥有源源不断的后备人才、避免人力资源链断裂，就必须提前做好培养接班人的工作，这样就可以将员工离职对企业经营活动造成的损失降至最低、甚至消除。另一方面，对每个员工来说，如果都有平等的机会得到提拔，无疑会提高员工的工作积极性、增加企业的凝聚力和向心力，因此建立具有公平、公开、公正特征的接班人制度实有必要。

有家深圳企业在这方面做得很不错。这家企业改变过去"有钱就能找到人才"的传统观念，开始奉行"以人为本，人才至上"的管理法则。在科学的人力资源管理理念的指导下，这家公司的管理者针对过去企业中优秀员工不断离职的情况，提出了"以发展空间留人"的人力资源管理战略，在企业内部为员工创造最广阔的发展空间，让人才发挥自身的潜能，同时让企业内部人才结构保持一定的延续性。

实施这一战略的具体方式就是在公司的中高层管理者和其他重要岗位下都设置一些接班人岗位，并把一些比较符合关键岗位能力素质要求的员工按照综合水平高低的顺序排序：一号接班人、二号接班人、三号接班人……这些接班人的序列号将随着员工发挥潜能的大小随时改变。假如身居上述关键岗位的员工离职、升任、调岗等，一号接班人会马上接替其岗位，然后二号变一号、三号变二号……依此类推。

在我看来，深圳这家公司的接班人制度是值得提倡的。因为它大大提升了工作效率，公司的利润也会迅速增长，各项管理成本也会逐渐减少，最终实现企业的稳步发展，做到一代强过一代。

我们在挑选接班人时，人才储备库中的继任者是否成熟可用？这也是需要我们考虑的一个重要问题。在人才储备计划初期，最容易出现的错误观念是：把名字列入了继任者名单，就算是有继任计划了。

为了让储备人才管理计划可以发挥出切实效用，我们需要有章可循：

1. 建立一个专门的人才委员会

业务部门的领导、人力资源的专业人士是这个人才委员会的核心成员。这样安排有助于管理者将自己的主观想法与他人的想法实现充分交流，全面合理地选拔到最合适的继任候选人，有效避免优秀人才被埋没或者任人唯亲的情况。

这个人才委员会要负责研究以下问题：未来的企业需要什么样的接班人？接班人的数量设置为多少适宜？各个层级（最高层接班人、高层接班人、中层接班人、关键岗位接班人等）的接班人如何分配安排？

2. 引导候选人正确看待继任

首先，转变员工“我即将成为继任者”的观念，千万不要让他以为自己进入了储备库，就是下一个接班人了。人力资源管理者不能保证这点，部门直接上级也不能完全确认他们是否具备成为接班人的能力。因此，我觉得把这些人暂且称为“有资格的候选人”更为合适。

其次，让候选人摒弃“一两年内成为继任者”的想法。候选人如果没有足够的能力作为支撑，即便会顺利成为继任者，也只是成了带领企业由盛到衰的失败的管理者。因此，管理者应该让候选人把精力集中到审视自身与目标的差距、如何去提升弥补、让自己胜任未来岗位之上。

3. 培养接班人的三个步骤

第一步，候选人应该熟悉组织的底层构建，具有在基层工作的经历，循序渐进地从基层到高层逐步提升。

第二步，候选人还需要拓展综合能力，可以采用在各个部门轮岗的工作方式，比如从生产岗位轮换到销售岗位，从销售岗位轮换到采购岗位，这种训练方法有助于其建立良好的全局观念，在需要审时度势、做出决策时可以做到以大局为重。

第三步，当候选人在企业内部的训练已经足够后，就可以开展企业外部的训练，让他与合作单位、上下游单位多做接触，获取更多的经验和人脉，便于从外部市场的角度对企业内部进行管理。

1. 突破“瓶颈”
2. 激励机制
3. 助力新人
4. 员工充电
5. 心理调节
6. 创新性思维

第五章 6 个高招，迅速把“庸才”变将才

美国管理学家劳伦斯·彼得根据大量员工不能胜任的失败案例，归纳出导致工作失败的根本原因：在各种层级组织中，每个员工会趋向于上升到一个他没有能力胜任的职位。这就是著名的彼得原理。如果管理者将一名员工晋升到一个无法很好发挥其才能的岗位，不仅不是对本人的奖励，反而会使其丧失工作积极性、工作能力难以提升，也会给组织带来损失。一个优秀的企业管理者应该学会利用彼得原理，把“庸才”变成得力的将才，这才是人才管理的最高境界。

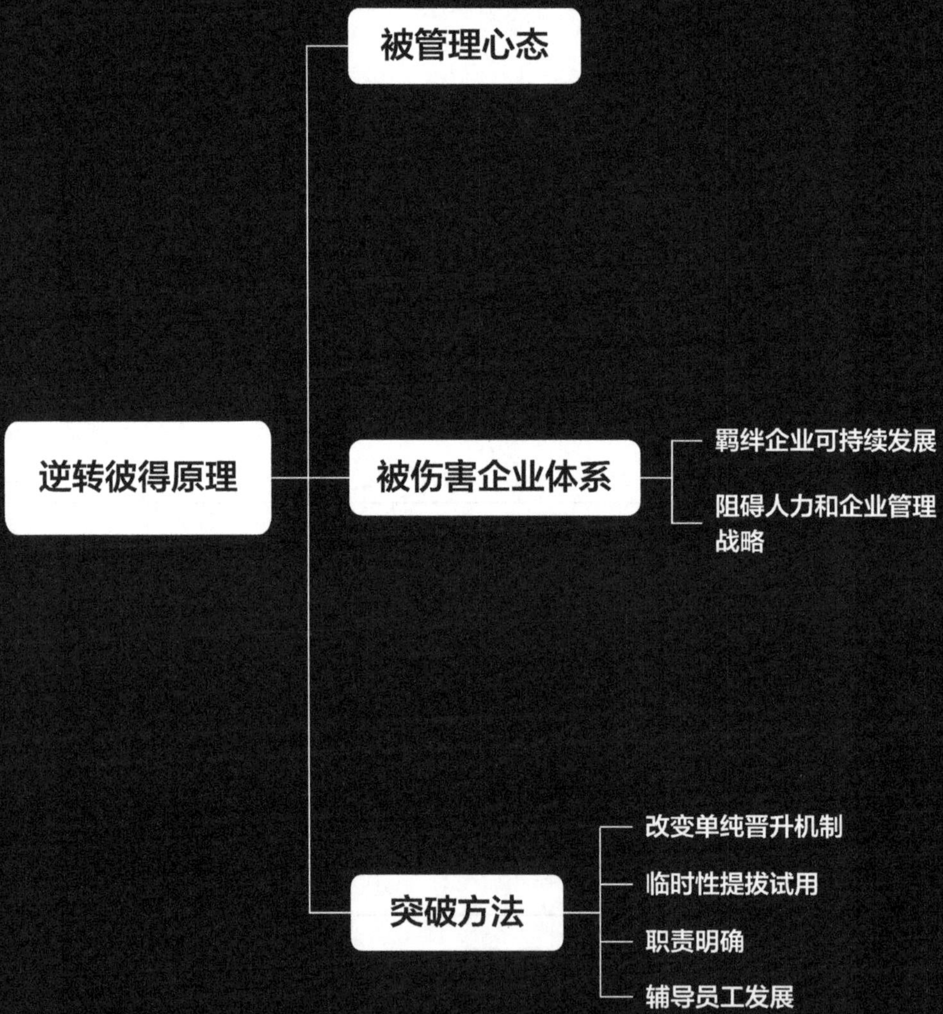

逆转彼得原理
被管理心态
被伤害企业体系
羁绊企业可持续发展
阻碍人力和企业管理战略
突破方法
改变单纯晋升机制
临时性提拔试用
职责明确
辅导员工发展

5.1 逆转彼得原理，突破发展“瓶颈”

一个工作尖子的困惑

很多老板都有过这样的疑惑：为什么有些业务能力极其出色的员工在升职后却当不了一个好领导呢？我在给一些公司做培训的时候，也经常会遇到这种情况。这些公司里有很多工作上的尖子，在升职后，却发现工作不再得心应手了。他们个人的业务能力都是非常出色的，但是当通过下属去完成目标工作时，其领导能力就显得非常薄弱。

很多公司在选择提拔一些员工进入管理层的时候，往往会选用那些工作能力出色的员工，从表面上看，这似乎符合公司管理层的用人逻辑。但是真正实际应用时却发现，整个团队的战斗力变弱了，公司也出现了问题不断的状况。

为什么会这样呢？其实道理很简单，原因在于企业的用人标准是错的。难道说“能者上位”不对吗？这句话本身并没有什么错，错的是怎么去理解这句话。这里所谓的“有能力”，并不仅仅限于员工的工作能力，而是包括了很多内容的综合能力。

小李是一家房产企业的金牌销售。后来，总经理提拔小李担任部门经理。起初，小李的部门只有几个年轻人，凭着他的出色表现，取得了很大业绩。公司领导很是高兴，不仅给小李加了薪水，还为他们部门又安排了几个人。一切看起来都是那么顺利。

可是随着下属人数的增加，小李却无法再管理好整个团队了。那些对他来说很轻松的销售任务，交给销售团队操作起来却困难重重，业绩再也没有显著提升。后来，再接到一些繁重任务时，他不得不亲力亲为。虽然这样做可以让团队业绩稍有起色，但并不是长久之计。没多久小李就因为长时间的劳累，身体实在撑不下去了。如今，眼看着扶不起来的团队和垮下去的自己，小李陷入了困惑和纠结：为什么我能做好业务却带不好队伍？我现在是走？是留？还是在公司里换个新岗位？

为什么一个在业务上是尖子的员工，当他晋升为管理者时，却显得能力不足了呢？这就涉及一个晋升理论，即彼得原理，或称为“向上爬”理论。通常来说，在等级制度的影响下，我们都习惯于提拔那些在某个等级完全胜任的员工，使其更进一步，但是这样往往导致员工被晋升到他无法胜任的地位，反而使其变得无所作为。案例中这种现象在现实生活中无处不在，比如能带好几十个学生的优秀教师未必能当好管住几千人的校长，获奖无数的优秀运动员未必能当好桃李满天下的运动员教练，业绩优异的电话销售未必能当好负责几个亿项目的营销主管。

人是一种社会性动物，扮演着各自的社会角色，随着事业的变化发展，经常需要变换不同的角色，然而并不是每个人都能够适应新的社会角色。一个新员工刚进入一个新工作岗位，通常都有高涨的工作热情，能很快适应新的工作环境，积极积累这个职位应具备的各方面素质。当他工作到一定年限后，工作业绩的提升会带动职位的晋升，职位的晋升又带动了综合素质和工作能力的提高，工作业绩也会有一个大的飞跃，然后便进入了一个缓慢上升的阶段。当他的能力发挥与职位晋升开始出现不对等、不匹配之时，工作业绩也就随之下滑。在这个时期，彼得原理日益凸显，表现出强劲的控制力。

不能自拔的被管理心态

从一定角度来说，职位晋升的确是一种能够激励员工的方式，它可以让员工得到物质上和精神上的多重满足，提高组织的执行效率。但是，当员工升到一定程度、超出他的能力范围后，就会出现其不能胜任的情况，这样必然会导致个人执行力大打折扣，甚至会导致组织整体执行力下降，掉进彼得原理的陷阱里。

小陈刚任经理助理时，工作十分努力，与同事和下属相处得也算可以，部门绩效始终超标。不久后，领导晋升他为副总经理。

上任没多久，尽管小陈已经努力地去达成目标，却依然显露出一些能力不足，比如，在与高层管理团队协同作战时显得格格不入；在自己的管辖下，疏于与经营团队的伙伴互动，督促所属部门达成工作任务时也执行不力；当部门间产生目标与人际冲突时，他总是拿不定主意，怕得罪身边的人。

后来，不但小陈带的部门得不到公司其他高层主管的支持，就连他自己也失去了领导的赏识和部属的信任，逐渐被高层视为不称职的副总经理。

从这个案例里，我们是不是嗅到了一点彼得原理的味道？在从一名普通员工向管理者迈进的过程中，这个副总所遇到的困惑是对自己新角色的不适应而产生的矛盾冲突。

打个比方说，一个一直负责质量工作的员工，如果工作出色，就会顺理成章地被提升到监督岗位，这是他有能力胜任的位置。而后，上级会交给他一些管理方面的工作，尽管刚开始做起来有点摸不清门路，不过只要在环境有利的前提下加以个人努力，他还是会循序渐进地晋升，继而担任部门经理，通常这时候，他已经进入了一种不称职状态。为了摆脱这种状态，他会在日常工作上花费大量的时间精力，或许会比以前更加辛苦，假如他的下属都能力突出而且积极配合，完成工作目标还是没有难度的。根据业绩考核结果，上级会认为他在管理者的岗位上比较称职，给予进一步提拔，让他担任总经理，这时候，不称职状态已经很明显了。总经理的职责与质检工作完全不同，一个抽象，一个具体，他现在要做的是从宏观角度去衡量长远目标、制订各项决策，心有余而力不足的感觉越发强烈，经常发生决策出错、指挥不当的事故，给公司带来各种损失。

类似这种难以适应新角色的情况会发生每个人身上。比如说，小孩子刚出生时，很多初为父母的年轻人往往会手忙脚乱，他们不知道孩子的哭闹是因为饿了，还是因为身体不舒服。因为这些年轻人还没有适应父亲、母亲的角色。再比如说，我们在求学过程中，从五湖四海来到同一所大学，当你身处一个陌生环境中，会感觉特别不自在，这时你需要一段时间去了解新环境、熟悉新环境，才能使自己慢慢度过这段不安时期。

其实一些看起来非常合格的晋升者，也会在转换角色的过程中遇到一些问题，最终成为不称职的人。原因就在于他们还在用当初的被管理者心态去做现在管理者该做的事情，并且为此感到深深困惑。就好比一个演员用旧角色的人设去演绎截然不同的新角色，这部戏会精彩吗？结果可想而知。

“人们都习惯于用一种固定不变的模式来应付所有的事情，而事实是，一旦事情发生变化的时候，原有模式不再适用，因此我从来都不会墨守成规，当结果发生变化时，我就随之变化！”这句话是英国经济学大师约翰·凯恩斯在逝世前总结出来的。

这也是我要告诉大家的：晋升是一个蜕变的过程，不仅仅是一个低职位升任到高职位的过程。对于刚刚晋升的员工来说，他必须主动寻求改变，随着社会环境、时代使命的变化，从言行到思想、从外在到内在，进行全面而深刻的转变。只有这样，他才能够适应新角色，才能通向晋升的成功之路。

被伤害的企业体系

彼得原理不仅仅给个人前景挖了一个大坑，还给企业带来诸多问题。

彼得教授发现，不论是政府机关、企业、军事，还是宗教、教育各界，都在用金字塔式的层级制度来组织自己的成员。显然，层级制度组织已经成了社会普遍的组织形式。而这种层级制度组织，最终都会受到彼得原理的控制。

在这里面，各种企业的现行人事制度是最明显的。层级组织普遍把晋升当作一种奖励称职员工的重要方式。当一个下级员工在自己的工作岗位上干得不错、能够胜任自己的职位时，他就有机会被提升到上一层级任职，直到他不再胜任为止。不出意外的话，他将一直在这个自己不胜任的层级工作，直到退休。如果一个组织的层级足够多，那么每个成员都会晋升到自己不胜任的层级。这就意味着，组织内部不胜任工作的员工会越来越多，这样的结果是很可怕的。

大家可以细心观察一下，大多数企业的早期发展状况是这样的：当创业团队形成一个新的层级体系时，起初员工的才智得以运用到适当的地方，企业体系中大部分职位都保持良好的业绩，整个体系朝气蓬勃地良性发展；当这个体系不断成熟完善时，企业里相当一部分人员被推到了更高的位置，彼得原理的不称职症状就会开始陆续出现，一群无能员工得以晋升，平庸者出人头地，优秀员工则受到限制，人岗错配，人浮于事，呈现出工作效率低下的混乱状态，整个体系逐渐走向下坡路，企业的绩效遭到削弱，各项功能将不再发挥作用，最终整个组织体系逐渐僵化、瘫痪。

具体来说，彼得原理对企业经营管理有哪些不利影响呢？

1. 不利于企业内部构建和谐氛围，阻碍了企业的可持续发展

有限的管理职位决定了优胜劣汰的竞争是难以避免的，有良性竞争，就有恶性竞争。为了得到上一级领导的赏识，快速向更高层级晋升，一些员工只顾眼前利益，渐渐地不再安心于本职工作，陷入相互竞争、攀比、敌对的状态中，各种派系之间明争暗斗，还会产生近亲繁殖的现象，搞得整个企业乌烟瘴气。经过一段时期后，企业的人文环境已经相对封闭，变成了暮气沉沉的官僚机构，没办法再引进真正的人才，这会影响到企业的整体利益和可持续发展。

2. 阻碍人力资源管理战略与企业战略的顺利实施

现代企业的竞争是人才的竞争，企业维持竞争优势的方法之一便是人力资源管

理战略。假如企业中大部分职位的员工都因为彼得原理不良影响的不断扩大而无法胜任工作，那么就说明人力资源管理战略的实施是失败的，无法做到能岗匹配——“人尽其职，职得其人”。企业人才能岗严重失衡，人力资源竞争力积弱，难以保持人力资源战略和企业战略的一致性，企业的整体竞争力必然随之下降。这就是为什么有的企业规模很大却效率不高，就是因为做领导的人不会做具体的事，做具体的事的人不是领导。

彼得原理的反思

如果我们简单地将企业里的人分类，大体会存在这样两种人：一种是能胜任现在的工作，但基本已经定型，再往上升就会掉入彼得原理的陷阱；另一种是既可以胜任现在的工作，而且还具备多种能力，比如自我学习、自我总结、自我提高，他们可以迅速成长到适应更高一级的职位。下面的两个例子正好说明了一切：

案例一

陈浩的烦恼

陈浩是一家汽修公司的优秀技工，他对自己现在的工作还是很满意的，因为不需要做太多文案工作。公司因为他的业绩突出，想提拔他去做行政工作。

回到家后，他把这件事告诉了妻子。妻子是一家超市的店长，她鼓励陈浩接受公司的这个决定。如果陈浩做行政工作，全家人也会跟着扬眉吐气，经济收入也会提高。陈浩并不喜欢行政工作，那意味着坐在办公室里，终日枯燥乏味。但在妻子的劝说与唠叨之下，他最后同意了。

可是没干到半年，陈浩由于没有行政经验，工作压力过大，他的胃出了毛病，再加上工作时间冗长不堪，也没有丝毫乐趣，让他感觉身心俱疲。因此，陈浩每天下班回到家后就觉得心中有股无名火，夫妻之间也不断出现矛盾，争吵不断。

案例二

李兵的幸福

李兵是陈浩的同事，他也是一个优秀技工。与陈浩不同的是，李兵个性开朗，与邻里之间相处和谐，他常在工作之余为小区里的居民免费解决一些汽车上的小故障。如果有了大的问题，李兵就会推荐他们去自己所在的汽修公司。鉴于他的表现，老板也打算提拔他。

李兵把这件事告诉了妻子，妻子了解丈夫很喜欢当前的工作，猜想他一定不愿意去做无聊的办公室工作、负更多的责任，于是妻子没有强迫他接受这个提拔。因此，李兵决定还是在原来的岗位上当一名技工。

汽修公司老板很看重李兵这个优秀员工，想方设法地留住他，既然他对升职不感兴趣，那就为他提供制度内允许的加薪，李兵一家由此过着舒适美满的生活。

通过这两个案例的对比，我们得出结论：虽然企业必须重视管理人员成长的可持续性，发现并培养企业每个岗位的接班人，并通过提供更大的空间来激发他们的潜能，但彼得原理却用事实告诫我们，不要轻易进行选拔和提升。

为了避免陷入彼得原理的困境，让能够胜任的人坐在合适的位子上，管理者应该怎么做呢?

1. 改变单纯的"根据贡献决定晋升"的机制

对于企业老板来说，想管理好团队，首先要过好选人这一关，不要把这项重要的事情全都交给人力资源管理部门去做。这就好比是相亲，你能够放心地把终身大事交给媒人去全权办理吗？毕竟最后在一起过日子的是夫妻，而不是媒人，如果不合适，利益受损的是当事人双方。因此，选择团队管理者时一定要选对人，否则一切都是徒劳无果。

我在工作中常发现，一些公司往往倾向于根据员工当前的工作成绩，直接将员工提升到一个更高的位置，把"士兵当排长用，排长当连长用，连长当营长用"。实际上，员工目前的工作成绩与更高的职位并没有什么必然关系。管理者不能因为某个员工在某个岗位级别上干得很出色，就觉得这个人一定能够胜任更高一级的职务。

想要选择一个真正的管理者，首先需要了解的是，一个合格的管理者并不是工作上的尖子，这个人并不是团队直接输出战斗力的人，他是一个整合团队资源去发挥最大战斗力的人。简言之，管理者只是间接参与战斗。

打个比方说，宋江为什么可以领导水泊梁山一百零八将呢？他本身武功也不高，要是论单兵作战能力的话，他的排名会相当靠后。那他靠什么统领这些人呢？他靠的是大智慧，其中最重要的就是资源整合能力。因为宋江熟悉所有一百零八将的性情和特长，并懂得加以充分利用，才使得他们能发挥出最大潜能。

因此，企业提拔人才时应当以能否胜任未来的岗位为标准，考虑他的发展潜力以及承担更多责任的意愿，而不仅是在现在的岗位上是否优秀。这种立体式的考查，可以有效地避免出现彼得原理预测到的现象。

2. 采用临时性和非正式性提拔进行试用

为了慎重地考查一个人能否胜任更高的位子，管理者可以采用临时性和非正式性提拔的方法来观察他的个人能力和表现，以尽量避免"骑虎难下"的局面。比如说，可以让其先担任经理助理，以便提前熟悉经理的工作流程、工作内容，为日后的升职打好基础，在特殊情况下让其担任代理职位，继而转正。

3. 不要给出超越能力的职责

当一个员工表现得很优秀，也展现出了承担更多职责的能力时，管理者不要马上给他一块大饼，否则就会出现嚼不动、消化不了的问题。管理者应该先给他一小块饼，一次增加部分职责，或者增加一个项目，让他一点点吃、一点点消化。当员工进一步证明了自己的能力时，管理者再继续增加新的职责和任务。在将员工提升到新的岗位时，管理者还要提供明确的指导方针、定期沟通、培训学习等，确保其在最初的几个月里能够快速进入角色。

4. 导入员工发展计划的辅导

很多员工之所以想要得到提拔，主要原因是晋升之后薪酬会增多，并没有太多考虑自己的管理潜力。管理者应该从员工的角度切入，让员工充分了解到自己的潜能、愿意付出的努力、所能承受的压力、需要接受的培训、能够牺牲的时间等。只有这样，员工才可以理性地对待自己的职业规划，知道自己下一步该往哪里走、怎么走，不至于走错路、绕弯路。

管理者还要给员工建立多个通道，让他们有更多的职业发展选择。一个技术工人或许无法胜任经理职位，但却完全可以胜任技术主管职位，通过这种机制，每个人都能找到最适合自己的角色，企业也能做到“人尽其才”。

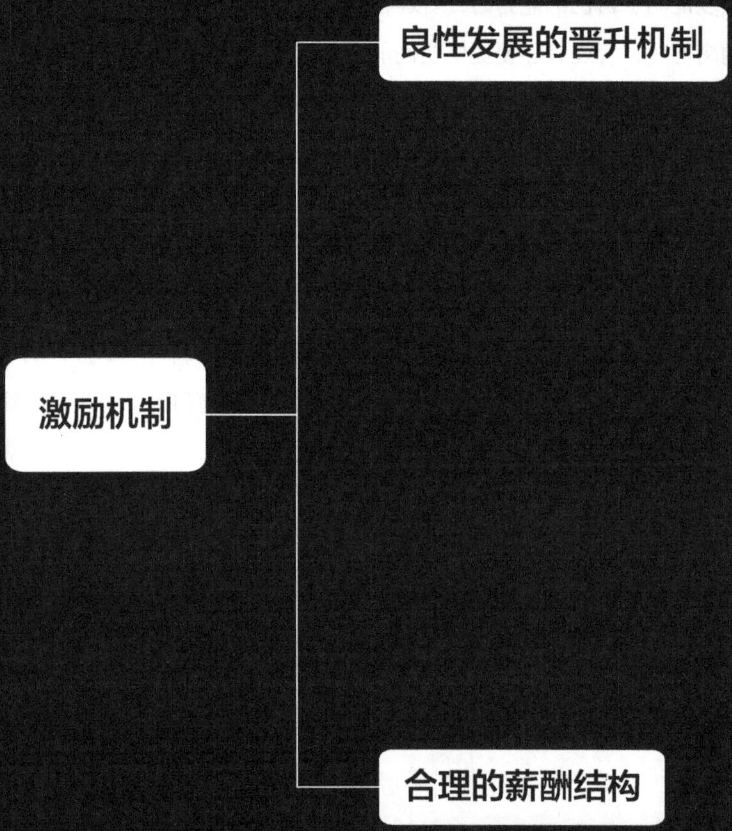
良性发展的晋升机制
激励机制
合理的薪酬结构

5.2 激励机制：让员工“提速”的助推器

良性发展的晋升机制

由彼得原理可以推出这样一个结论：在企业里，总会有一个职位最终将被一个不能胜任其工作的员工所占据。之所以出现这样的“平庸者”，主要是由于企业中不恰当的晋升机制。

大家知道，现代企业都把晋升当作一种最重要的奖励方式。一旦某个员工在之前的岗位上干得好，管理者就会片面地认为：“一个在普通岗位上干得好的员工到了更高的岗位上也会干得好，给他提供一个更高一级的职位，如此激励后，他就会付出更多的努力，为公司创造更多的价值。”但事实常常并非如此。

李想是一家软件技术开发公司的技术攻关核心成员，技术出色、工作努力，领导对他非常欣赏。为了好好栽培这个难得的人才，把他安稳地留在公司里，领导安排他担任一个新开发项目的主管，负责这个项目的各项事宜。

可是一个月下来，李想却并没有因升职而开心，反而多了不少烦恼：一大堆烦琐的日常杂事让他忙得晕头转向，根本拿不出更多的精力来管理项目团队，他也因此渐渐远离了心爱的技术工作。更让他不能接受的是，尽管自己很努力，可是团队业绩却上不去。结果，这个企业里多了一位低能的项目主管，少了一位高效的技术人才。

面对一个优秀的技术型员工，上级用“把他提升到管理岗位上”作为奖励，初衷是好的。但是因为没有从业经验，也没有经过相关培训，他对管理原则、管理方法根本一窍不通，当然无法胜任现在的管理工作。原本工作起来得心应手、开开心心，现在却变成了工作起来处处碰壁、忧虑烦恼。奖励反而成了“惩罚”。

这充分说明，企业不应该把晋升当作最重要的奖励手段，否则就会走进一条死胡同。若是企业内人人都想着晋升，人心浮躁，没有人愿意在原有的工作岗位上做好本职工作，就无法令称职的员工在自己的工作岗位上长期发挥作用。再者，无论企业大小，其层级都是有限的，台阶再高也有走到头的时候，因此企业内部的晋升机会也是有限的。假如管理者非要把能胜任现职工作的员工都列入晋升的候选人，他就会发现能胜任眼下工作的员工越来越少，因为他把所有能胜任的员工都调离了原来的岗位。

不可否认，晋升确实可以作为一种奖励手段，但前提是被奖励的员工不仅要胜任现在的职位，而且还能胜任更高级别的职位，这样的晋升才是合理的、可行的。倘若管理者只是一味凭着他能胜任现职而决定晋升与否，就很容易犯下“看走眼”的错误。

有的人可能觉得，如果他不胜任，大不了我们再换掉他，这其实也不是一件容易的事。一是因为晋升决策是管理者做出的，如果一个晋升决策很快就被修改，管理者自然没有面子，很多管理者即使知道自己做出了错误的决策，也会将错就错。二是因为如果管理者把这个员工再重新调回原来的岗位，也会打击员工的工作积极性，不利于以后的工作。原本是出于激励员工的目的，最后却造成了打击员工的结果，这是大家都不愿意看到的。

从长远来看，一个聪明的管理者想要留住人才，不应该将岗位晋升当成对员工的主要奖励方式，而应该建立科学、客观、合理的奖励机制，使用改善工作环境、提供资源、加薪、休假等方式作为奖励手段，对人才进行长期投资，才能使其心甘情愿地为企业服务。

比如，为了解决管理人员与技术人员错位晋升的问题，管理者可以在企业里实行相互独立的双轨职务升迁机制，同一层级、不同职位可以享有相似的薪酬和福利，既从精神和物质上激励了业绩突出的员工，又让他们可以继续各展所长、各得其所，还提高了企业的管理水平和专业实力。

架构合理的薪酬结构

要知道，不是所有的平庸者从一开始就能力不足。很多平庸者刚开始可能是比较优秀的人才，只是随着时间流逝，他们缺乏激励，丧失了工作热情，逐渐失去了竞争意识，开始落后于团队。

管理者想把所有员工都变成优秀人才，需要的不是不断挖人，也不是辞退所有的“庸才”，而是加强内部员工之间的良性竞争，通过各种方式去激励这些员工，抓住他们的内心，重新激发其斗志和潜能，防止他们在“平静中休克”，这样他们才能用积极的态度去面对工作，以实现个人与公司的共赢。

不过，每个员工对于激励的期望方式并不相同，有时仅仅依靠绩效、薪酬还远远达不到效果。有的员工比较愿意接受金钱或实物激励，有的员工则愿意得到精神上的激励……管理者需要采用不同的方式区别对待。

在激励员工方面，一直标榜“狼性文化”的华为最有发言权。任正非的处理方式简单粗暴却有效：拿钱砸！用足够多的报酬来激励员工。在华为，只要贡献巨大，小员工可以拿到23级员工的奖金。要知道，华为23级员工的季度奖金近百万元。这是一个巨大的刺激。

正如任正非所说：“华为要创造价值，应承认资本的力量，但更主要的是靠劳动者的力量。特别是互联网时代，年轻人的作战能力提升很迅速。要敢于涨工资，这样人力资源改革的胆子就大一些，底气就足一些。所有细胞都被激活，这个人就不会衰落。拿什么激活？血液就是薪酬制度。”

通常而言，一个员工在公司里担任的职位越高，他所获得的工资以及其他福利待遇就会越多。反之，如果这个员工一直处在低职位上，那么不管他的工作有多么出色，也不会获得高收入。这种情况造成很多员工为了获得更高的收入而不惜一切代价地“往上爬”，最后他爬到了一个工资收入高的层级上，却发现自己掉入了彼得原理的陷阱中，只能在这个勉强应付的岗位上熬到退休。导致这种状况的一个主要原因就在于传统的、垂直型的、包含大量等级层次的薪酬结构。

这种状况对于企业和个人都是没有好处的。企业只是得到了无能的管理者，却失去了一个能够胜任较低一级职位的优秀员工；而员工则因不胜任当前的工作，对工作失去了兴趣，无法实现自身的真正价值。

为了改变这种情况，在20世纪80年代末，美国通用电气公司开始推行一种新的薪酬模式，即宽带薪酬。到如今，世界500强中大约60%的企业已经正式采用了宽带薪酬。

什么是宽带薪酬？这里，宽带中的“带”指的是工资级别，“宽带”则是指工资浮动范围比较大。原来的薪酬设计重视职位的重要性，薪酬等级被设计成十几个、二十几个、三十几个，薪酬与职位基本成同级对应关系，体现出工作间明显的等级差别。而现在则削减职位的级别数，压缩成几个级别，同时每个薪酬级别对应的薪酬浮动范围拉大，不同级别薪酬水平存在部分重叠，如图5-1所示。

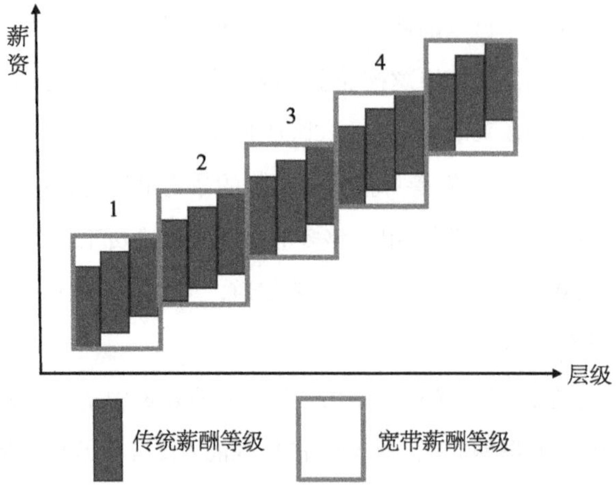

图 5-1　传统薪酬等级与宽带薪酬等级

在宽带薪酬体系下，一个优秀的技术工人可能比他的主管收入还高，一个优秀的销售员可能比他的销售经理赚得更多。这是因为，无论是普通员工还是经理，在职业生涯的大部分时间里，可能都处于同一个薪酬宽带中，随着职位概念逐渐淡化，不用过多考虑自己现在是什么样的一个职位，而着重要考虑的是在公司所处的角色、对公司贡献的大小。即使是被安排到低层级岗位上工作，只要可以获得新的技能、承担新的责任、有新的业绩，就能拿到高额的薪水。

由此可见，尽管晋升激励减少，弱化了员工之间的晋升竞争，但是通过将薪酬与员工的能力和绩效表现紧密结合，向员工传递出一种个人绩效文化，强调员工们之间的合作、共享、共进，可以真正鼓励员工爱岗敬业，整个团队的工作绩效也就随之上来了。

当然，实施宽带薪酬也会带来一些其他问题，比如晋升困难、成本较高、适用受限等。在我看来，使用这种宽带薪酬来激励特定人群是非常有意义的。比如那些更适合留在本职工作岗位的行政管理和技术型员工，与其提拔他们通过更高的职称或职务来体现自身价值却反而掉入彼得原理的陷阱，不如让他们在最适合自己的岗位上用逐渐增长的业绩和收入来证明自身价值所在。

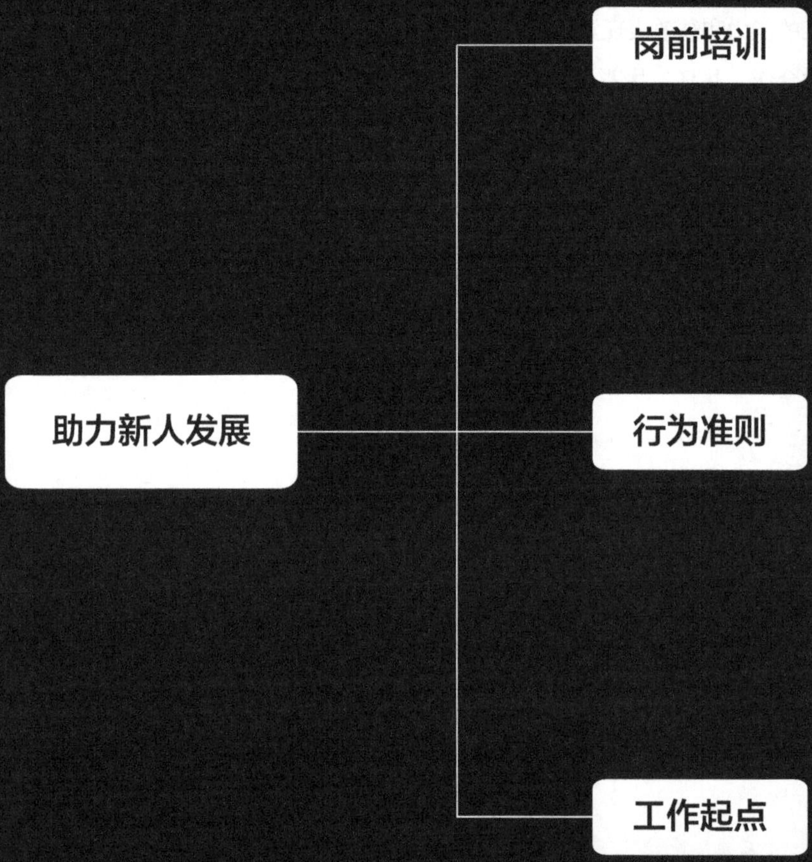
助力新人发展
岗前培训
行为准则
工作起点

5.3 帮助新人尽快成长，让“蘑菇”变身“灵芝”

很多刚入职的年轻人都会有这样的经历：刚进公司不久就被老板打入“冷宫”，在公司里不受重视，经常干一些打杂跑腿的活儿，不仅不被重视，有时还会无端受到一些批评和指责，处于一种自生自灭的状态中，就好像培育蘑菇一样。这就是我们常说的蘑菇定律。

其实每个人的成长过程都和蘑菇的生长过程类似，会有一个先苦后甜的经历。古代的学徒工，在刚开始入门的时候，都会被师父安排去做一些端茶递水、洗衣扫地、劈柴煮饭的杂事，锻炼他们踏实肯干、吃苦耐劳的工作态度。这就好像孟子所说的：“天将降大任于斯人也，必先苦其心志，劳其筋骨，饿其体肤，空乏其身，行拂乱其所为，所以动心忍性，曾益其所不能。”如果新员工能正确认识到这一点，明白这是自己向上成长的规律，并能正确对待这种“外在而来的痛苦”，那么自然就会经受住磨炼和考验，成为一个优秀的人才。

有这样一位读工商管理的硕士研究生，他第一次去人才市场找工作时，把目光投向了那些高学历应聘者看都不看的仓库保管员职位。面试时，他凭自己的学识轻松入围，顺利被聘用。上任后，他不仅把仓库物品整理得井井有条，还对仓库长期积压的物品进行了认真分析，提出了科学的处理办法，并写出了防止物品长期积压的合理化建议。他的这些做法让公司的几位物流主管很是佩服。

不久，公司有一位物流主管要调动工作，他极力向总经理推荐这个年轻人接任。年轻人担任主管后，经过一段时间的观察，他发现了公司物流系统不畅的原因所在，于是开始对全公司的物流系统进行大刀阔斧的改革，很快就理顺了全公司的产供销物流系统。这引起了公司高层领导的关注。又过了一段时间，公司总经理助理的职位出现空缺，这个年轻人又被列入考查人选，顺理成章地成了总经理助理，进入公司高层。

通常来说，初出茅庐的大学生因为缺乏工作经验，所以在新单位中不太可能马上胜任，若是硬着头皮上，反而会给企业带来损失，他需要对环境、工作、业务、人事进行一段时间的了解和磨合，才能很好地展开工作。这段熟悉岗位、积累经验、历练和成长的时间就是“蘑菇管理”时间。

在国外的那些世界级大公司里，管理人员基本上都是从基层小事做起，就连老总的儿子要接班，也得从最底层的工作做起。他们这样做，主要基于几个目的：一是从基层做起，更能了解企业生产经营的整体运作，以后工作起来会更顺手；二是从基层做起，可以积累更多的经验、诚信和人气；三是从基层做起，可以让员工经受艰苦的磨砺和考验，体验不同的人生，使他们学会珍惜。所以说，“培育蘑菇”的经历对于年轻人来说是成长道路上必经的一步。

作为管理者，在对待新进员工上也应该重点加强培养。一个没有社会经验、完全是一张白纸的新员工，他的职业生涯很可能会受到在公司最初遇到的领导及同事的影响。公司的人力资源管理者如何把这些新人培养成优秀的人才呢？

1. 岗前培训只是一个新员工的起点

很多新员工一入职都要进行岗前集体培训，目的主要是在不工作的状态下教会新员工一些基本知识，让新员工有一个基本体验，以便更好地融入公司。但这些岗前集体培训的作用是非常有限的，它的意义在于简化各个岗位的专门培训工作，节约新员工熟悉公司的时间。

2. 让新员工掌握一些行为准则

在开展正式工作之前，管理者还要让新员工明白日常工作中必要的行为准则。

例如，及时汇报、如何沟通、说话方式以及态度等。有些事情，要让新员工形成潜意识的条件反射，几乎不用思考就能做到。

3. 工作才是培训的真正开始

刚开始给新员工安排的工作难度一般不大，但管理者不能马上就做一个“甩手掌柜”，这时要教会新员工掌握合理的工作方法。比如，管理者要亲自做好示范，耐心对员工说明方法，同时让他们尝试亲自操作……这些方法会让新员工在短时间内迅速上手，可以克服他们潜意识里的自卑，更快地获得自信和成就感，从而享受工作带来的乐趣。

4. 帮助新员工制订职业生涯规划

新员工入职后，已经掌握了一定的工作技能，管理者可以帮助他们制订职业生涯规划、实现职业生涯目标。这样既符合他们的人生发展需求，同时也能激起他们为企业服务的强烈意识，进而形成企业发展的巨大推动力。

总而言之，管理者在用人时不能太心急，拔苗助长只会导致不进反退。在员工的工作能力与工作素养还没有完全成熟的时候，就给他们压担子，一旦出现失误，又立即打入冷宫，这样的做法是愚蠢的。管理者应该善于发现员工的优秀品质，然后就像培育小蘑菇一样，放在僻静有营养的地方慢慢滋养、慢慢磨炼，等到蘑菇长大了再拿来为我所用，这样才有利于企业组织目标的实现。

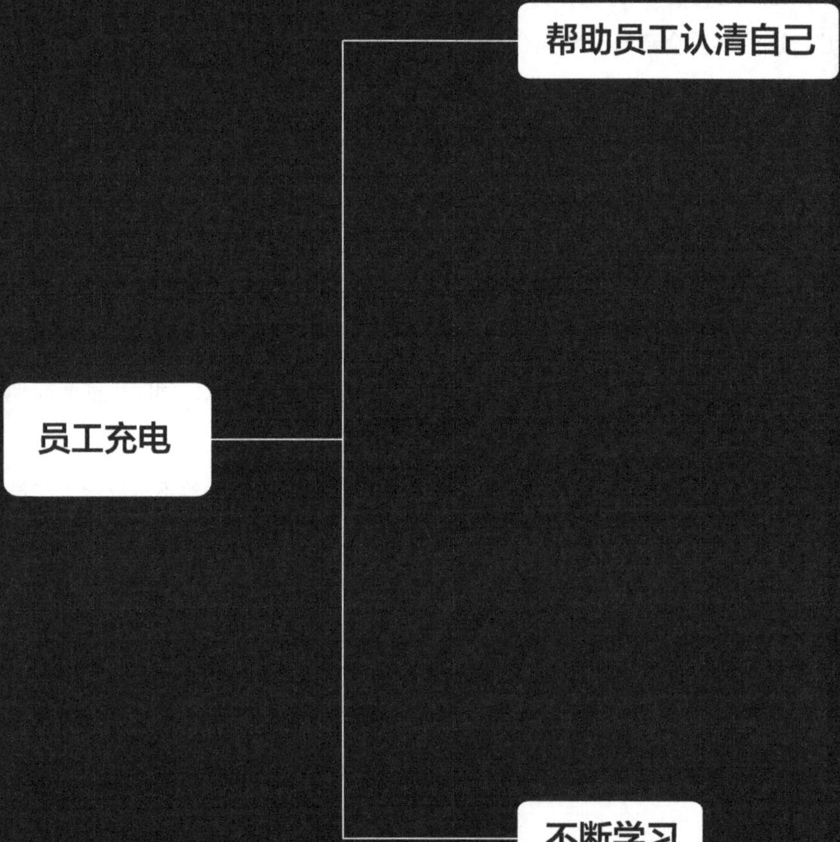
员工充电
帮助员工认清自己
不断学习

5.4 为员工充电，让业绩续航

认清自己：帮助员工反省优缺点

我在为一些企业做培训时，经常用苏格拉底的“认识你自己”来引导大家。作为一个伟大的思想家、哲学家，苏格拉底并不经常以导师的身份出现。他在和别人谈话时，并不刻意教别人怎么样去做，而是采用启发式的教育方式。他认为，真正的知识和智慧来自内心，帮助别人产生正确的思想，要比传授给他具体的知识更重要。

“认识你自己”这五个字看似简单，真正去做到却颇有难度。如果管理者想让员工成为对企业有价值的人，首先应该引导他们对自己有一个正确认识。比如说，他可能不擅长管人，但是他在技术方面做得非常好，他虽然不是一个好的管理者，但会是一个出色的技术工人；他可能不擅长技术，但是他却喜欢与人打交道，能处理好人际关系，他虽然不能成为一个技术工人，但他却可能是一个出色的公关经理。

有一家食品厂受到当前经济危机的影响，效益很不景气。为了让厂子起死回生，厂长决定裁掉一部分员工。裁员名单中出现了三种人：第一种是清洁工，第二种是司机，第三种是没有任何技术傍身的库管人员。这三种人加起来有30多人。

厂长分别找来这些人进行了一次关于裁员原因的沟通。

清洁工说："不能裁掉我们，我们很重要，如果没有我们来保护环境、打扫卫生，那其他员工就不能全身心地投入工作中。"

司机说："我们很重要，不能裁掉我们，否则这么多产品就不能迅速销往全国的市场。"

库管人员说："我们虽然没有技术，但我们同样很重要，如果没有我们，这些食品就会被那些小偷偷光！"

厂长听了他们的话，觉得都有道理，于是决定不裁员了，并且重新制订了管理策略。最后厂长还特意在工厂门口悬挂了一块大匾，上面清晰地写着——我很重要！

蜜蜂和老鹰相比，虽无法翱翔于天际，但蜜蜂可以传播花粉、采集蜂蜜，对大自然来说同样是不可或缺的。不管员工在企业中扮演的角色是老鹰还是蜜蜂，他们都有自己的过人之处，只要能认识到、挖掘出他们的才华，然后安排合适的岗位上，有效地掌握运用，他们就能变成优秀的人。

俗话说，"知人者智，自知者明"，"知己知彼，百战不殆"。对于管理者来说，管理的实质在于提升，提升的前提在于了解——既要知晓优势，又要掌握不足。自己了解员工是一方面，帮助员工了解他自己是另一方面。如何引导员工认识自己？一是要他认清自己的优点、特长，二是要他反省自己的缺点、不足。

当员工时刻都有自知的意识，愿意花一些时间来沉淀心灵，清醒地认识自己，充分地了解自己之后，管理者要因势利导，员工才能扬长避短，让自己的长处和能力得到最有效的发挥，避免自我资源的浪费，在自我运用与目标实现上做到得心应手。久而久之，他就能坚持发扬成功经验，改正吸取失败教训，企业自然就会向前迈进。

积极充电：只有不断学习才不会落后

根据彼得原理判断，一个企业中能够胜任自己工作的员工大多都是能够稳定工作的普通员工。因为这些人处于终端岗位上，也就是最容易胜任的岗位上。但是，我们反过来看，这些最胜任的员工并不一定是最优秀的员工，因为他们还远没有达到创造出最优秀业绩的程度。

他们该何去何从？继续在原岗位上停滞不前吗？显然，一旦停滞不前，要么是被企业提前辞退，成为优胜劣汰的牺牲品，要么是一直默默无闻地干到退休。这不是企业所希望的，也不是员工所期望的。

我们的时代是一个高科技飞速发展、充满知识与学问的时代，每一天世界都发生着翻天覆地的变化，企业也在不断地向前发展。不管是一个合格的技术人员，还是一个合格的管理者，如果不想被企业淘汰，就必须把握时代的脉搏，有超前一步的观念，不但要会利用外在条件，更要在内在因素方面做好准备，积极为自己充电，更新知识结构，提高工作技能，同时还要学习更广泛的企业管理知识，这样才不会过早地陷入彼得原理的陷阱中。对于想要晋升的人来说，这是必需的。

管理者要用动态的眼光看待企业员工的胜任问题，如果员工不能逐步提高素质，将来必会拖垮企业。因此，企业有必要建立一整套岗位培训机制，通过内训、外训、专家讲座等方式，不断引导企业各层各类员工加强学习，通过增加对岗位培训的投资来提高员工的胜任能力，解决企业现在已有的问题和将来会出现的问题。很多国内外知名企业都建立了专门的岗位培训机构，比如，国外有著名的惠普商学院，国内有海尔大学等。

企业在员工培训上的高投资，可以为企业带来巨大的收益。美国有一家大型跨国公司，曾经对本公司的18个培训项目进行过成本效益评估，结果发现这些培训项目平均提升了17%的工作绩效。其中，管理培训项目的平均投资回报率高达45%，销售和技术培训项目的平均回报率为41%。

企业进行培训时要具有针对性，有的放矢。在日常工作中，管理者应该结合每次考核盘点，根据员工的共性和个性，量体裁衣地制订出更为有效的培训计划，使他们能够持续胜任自己的本职岗位。在晋升员工之前，管理者也应该为候选人提供一些与事业发展相关的培训课程，相应地加强管理技能方面的培训，以便候选人顺利适应事业上的升迁转变，有效防范彼得原理产生的不利影响。

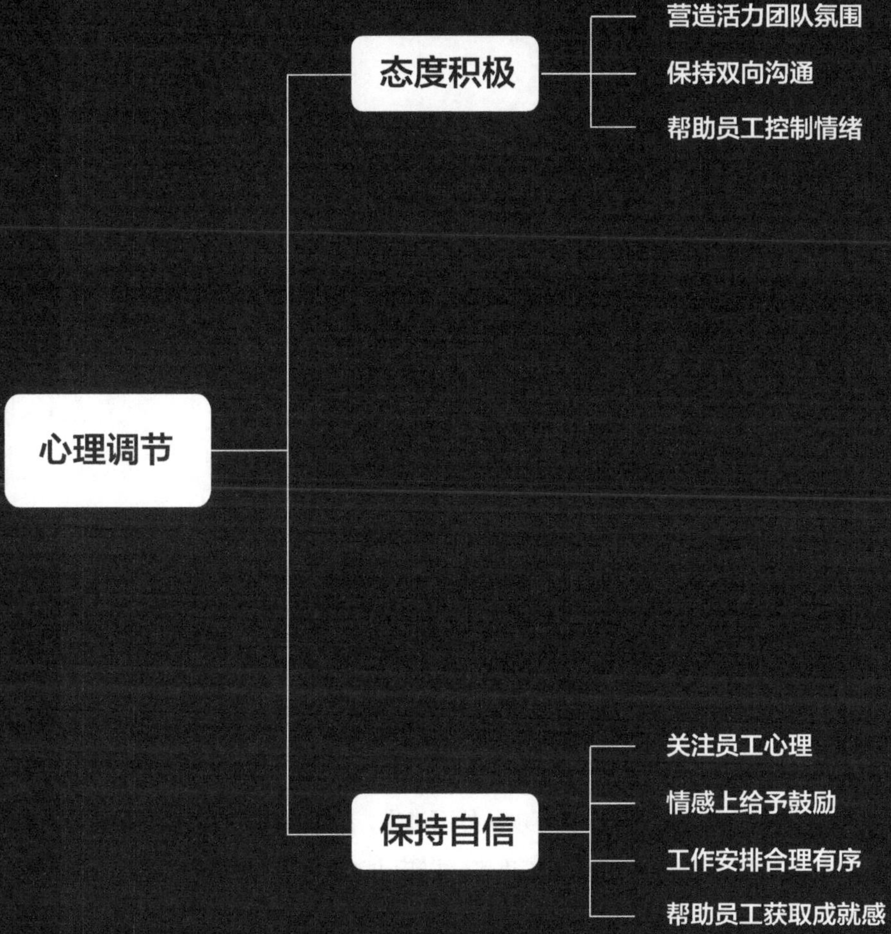
心理调节
态度积极
营造活力团队氛围
保持双向沟通
帮助员工控制情绪
保持自信
关注员工心理
情感上给予鼓励
工作安排合理有序
帮助员工获取成就感

5.5 调节员工心理，积极应对工作

态度积极：永远不要忽略积极的力量

通常，我们会有两种心态，一种是积极心态，另一种是消极心态。不同的心态导致人们出现不同的想法和看法，即使是在面对同一件事物上。

有一位管理学的培训老师经常会拿着半杯水，给学员们讲那个古老而又被讲烂了的故事——同样的半杯水，心态不同，看到的结果也就不同。有人悲观地看到只剩了半杯，有人乐观地觉得至少还有半杯，这就是两种心态的差距。具有积极心态的人看到的是希望，具有消极心态的人看到是绝望。

有一次，学员们见他拿着半杯水从外面进来，他们笑着说："老师，你今天又要讲这个故事啊？"他说："今天不讲了，以后也不讲了，但我还是要拿着这半杯水，我就是要你们看到，并提醒你们，永远不要忽略积极的力量。"

正如管理学大师彼得·德鲁克所说："积极性——这是我再次强调的东西，积极性的一个重要表现就是让员工将自身的潜力全部释放，一个人创造两个人、三个人或更多人的业绩之和。只有能够让员工将自身的全部潜质释放的企业管理者，才会成为行业中的有力竞争者，因为他们有着别人所没有的创造力和生产力。"

如果一个员工持有的是积极心态，他就可以清楚地知道自己的工作意义和责

任，同时也会在工作中以饱满的热情去全力以赴。这样的员工，能够源源不断地为企业创造价值和财富，影响着企业的成败，同时他也在不断地丰富和完善自己，决定着人生的成败。现代企业除了看能力之外，更看重的是这个人的工作态度，因此能够积极地看待工作的人，是每一个企业、每一位领导者都极力寻找的人才，是所有组织里最需要的员工。

与之相反，如果一个员工持有的是消极心态，他就难以专注于工作，工作态度不好，工作效率不高，迟早会拖企业发展的后腿。

比如，有一些老员工在原单位工作了十几年，却一直抱着“我就是个打工的，做多做少一个样”的消极心态来工作，没有做出过什么业绩，工作经验和工作能力却和刚来公司一年的晚辈差不多。显然，这其实都是消极心态在作祟，他们低估了个人意志会爆发出的巨大能量，任由负能量占据内心，毁坏了自己的前途，注定因为落后于人而被淘汰。

再比如，很多员工发现，自己在原单位干了很长时间，仍没有得到晋升，在某个级别停留时间太长，就会产生挫败感，或者认为自己的工作没有达到领导的要求，不能让领导满意，或者认为领导无能、气量小，对原单位感到不满意，进而做出消极怠工或跳槽的举动。

微软公司在招聘员工时会有很多突破常规的套路，其中有一条就是招聘来的员工并不一定是某个方面的专才，但一定是那种积极进取、心怀梦想的自信之人。而对于那些做事畏首畏尾、保守、消极的缺乏自信之人，即使他再有才华，微软也不会录用。

同微软公司一样，日本松下公司也是始终将“积极主动、乐观向上”放在录用员工的必备条件之首。松下幸之助说：“在我的人生中，任何一次消极和悲观，都将足以置松下公司于死地。当公司遇到困难时，单靠我一人的力量肯定是应付不了的，幸运的是，我有很多员工，他们自始至终和我并肩站在一起。在大家的共同努力下，公司才得以抓住机会，摆脱困境。所以，不单是对企业领导人，即使是普通员工，乐观、积极的进取精神也是必不可少的。”

根据彼得原理，如果在将来企业和个人的前途都会掉入彼得原理的陷阱中，那么我们的内心自然就会产生一种消极情绪。很多员工常常会在遇到困难挫折后，对上级说：“我已经很努力了，可还是这样……”但他是以何种心态去努力的呢？是悲观地觉得我如果不努力就会被辞退、会失业，在备感压力的状态下疲于应付工作？还是乐观地认为只要我全力以赴地努力就会得到升职加薪，在动力十足的状态下充满干劲地工作？

作为管理者，应该既关注员工的工作能力、工作绩效，同时也关心他们的工作态度、工作状态，对那些心态不佳的员工，要进行合理的心理引导，及时赋予正能量。心理学家威廉·詹姆斯提出："要使一个人真正努力确实很困难，通常人经过短暂的努力之后会感到很疲倦，然后我们会半途而废。但是上帝所赋予的巨大精力绝不仅止于此，只要多努力一点，就可以获取更多的能力。"

想让员工产生"我要多努力一点"的想法，管理者就要从外部环境和内部环境一起入手，调动他们的工作积极性。

内部环境（员工自身因素）	外部环境（工作氛围）
员工的成就动机、自我效能、自我激励等	上司、同事、工作本身、工作激励

据此，管理者可以从以下几方面入手：

1. 营造充满生机、活力、向上的团队氛围

良好的人际互动和工作氛围可以为员工创造具有归属感的心理环境，管理者应该以身作则，用专注、乐观的态度去感染整个团队，这有助于调动员工的工作积极性。同时，还要加强员工对企业文化、企业目标的认同，这样才能激发出员工的热情。

2. 关注员工心态，保持及时的双向沟通

管理者应该经常主动和员工进行沟通，了解他们的思想动态，经过充分沟通之后，帮助他们化解工作中产生的不良情绪。管理者除了要懂得疏导下属的消极情绪之外，还可以根据实际情况酌情给员工放几天情绪假，待其转变工作态度后再分配工作任务。

3. 让员工学会控制情绪的方法

想要学会控制情绪，光靠自己是不行的，很可能因为方法不得当而越陷越深，

这时候就需要专业的心理培训加以指导。管理者可以为员工安排一些心理培训，帮助员工认识情绪、了解情绪，提高抗压能力和自控能力，掌握疏解情绪的方法。

当员工的心态变得积极时，尽管困难和问题还会存在，但是心态变了，就会不再畏惧、不再退缩，就会主动迎难而上，摸索出自己需要什么、欠缺什么，不断为之努力，同时充分利用自己的优势，提升个人价值。时刻保持积极的态度去迎接挑战，最终战胜一切困难，也是超越彼得原理的一个重要途径。

保持自信，为成为什么样的人而努力

在当今这个高度发达、充满竞争的社会中，一个员工想要超越彼得原理，就必须保持自信，从内心相信自己能做好当前的工作。无论他被提升到什么样的职位，只要做好自己的工作，敢于挑战自己，就可以跨越眼前的困难，从根本上超越彼得原理。

陈东毕业后，被分到一家IT公司做计算机及网络维护工作。后来，陈东意识到自己更适合做设计工作。可是公司的软件设计高手众多，陈东有点不自信。经过深思熟虑后，陈东决定先主动承担一项软件设计任务，用自己的能力说话。

于是他找到老板，谈了自己的想法。老板疑惑地问：“你真的能行吗？”陈东自信地回答：“设计是我的专业，我设计的作品在学校得到过很多老师的褒奖，我一定不会比别人做得差，而且我承担的设计任务，会在不影响现有工作的前提下完成。”

老板觉得这个年轻人很自信，对他刮目相看，于是决定给他提供这次机会。经过多方面测试，陈东设计的软件程序果然不负众望。老板非常高兴，立即将他调到了设计开发部。

自信心是在消除自卑心理后，对自身能力的再认识，是对自己的最大肯定。假如陈东一直默默无闻地待在网络维护部门，或者整天“身在曹营心在汉”，或者放弃自己喜爱的专业，那么他永远也不可能被老板发现他有设计才能，永远也不会被调进设计开发部。

我在很多公司里发现，有的员工费尽心机想要得到更大的成就，却苦于成效不佳。其实，一个人的潜力是无穷的，管理者不去激发，永远不知道这个人会有多优秀。如果想要员工在职场上有所发展，就不能用传统的方式来约束他们，一定要引导他们突破自己的局限，敢于挑战原以为自己办不到的事情。

管理者可以从下述几个方面来激发出员工的自信心：

1. 探究员工不自信的原因

员工对自己的基本判断差，所以对上级指派的任务感到难以胜任，在执行过程中不断给自己心理设限，这是一种常态。管理者应该找到员工不自信的根本原因，看看他到底是因为什么而自卑，是因为周围同事太优秀而显得自己无能？还是因为对所在岗位不熟悉、缺乏经验？或是因为工作一直遭遇挫折而一蹶不振？找到原因后，对症下药，逐一化解。

2. 在情感给予鼓励支持

曾有人这样说：“现实中的恐惧，远比不上想象中的恐惧那么可怕。”事实的确如此，当我们陷入自卑的深渊时，自然而然地难以理智地看待事物本身，很容易出现妄自菲薄的误判。气可鼓不可泄，感受到员工对失败的恐惧后，管理者不应该在伤口上撒盐，而应该施以正面鼓励，多传递出一种“这件事总会有办法解决的，你能行”的乐观情绪。当思想得以减负之后，员工的信心越来越高，做事越来越积极，得到的肯定越来越多，便形成了一种良性循环。

3. 安排工作任务应该由易到难、循序渐进

如果一开始就将难度很大的工作分配给原本就信心不足的员工，他们一定会感到压力倍增、心态不稳，自然做不好事情，一旦遭遇失败，心理上的打击就更大了。因此，管理者最好给他们安排一些比较简单又擅长的工作，顺利完成之后，再提升难度，循序渐进地给他们提供实践与成功的机会。

4. 让员工感受到成功的喜悦

俗话说，事实胜于雄辩。再多夸奖的话，也比不过员工切切实实地看到自己获得了事业上的成功，能激发出更多的喜悦和干劲。管理者可以借助业绩数据、奖励头衔说话，就像杰克 · 韦尔奇所说：“我的经营理论是要让每个人都能感觉到自己的贡献，这种贡献是看得见、摸得着、数得清的。”这会让员工感受到自己也是有能力把事情做好的，由内而外地感到自信满满。可以说，每一件小事的成功都是在给自信的大厦添砖加瓦。

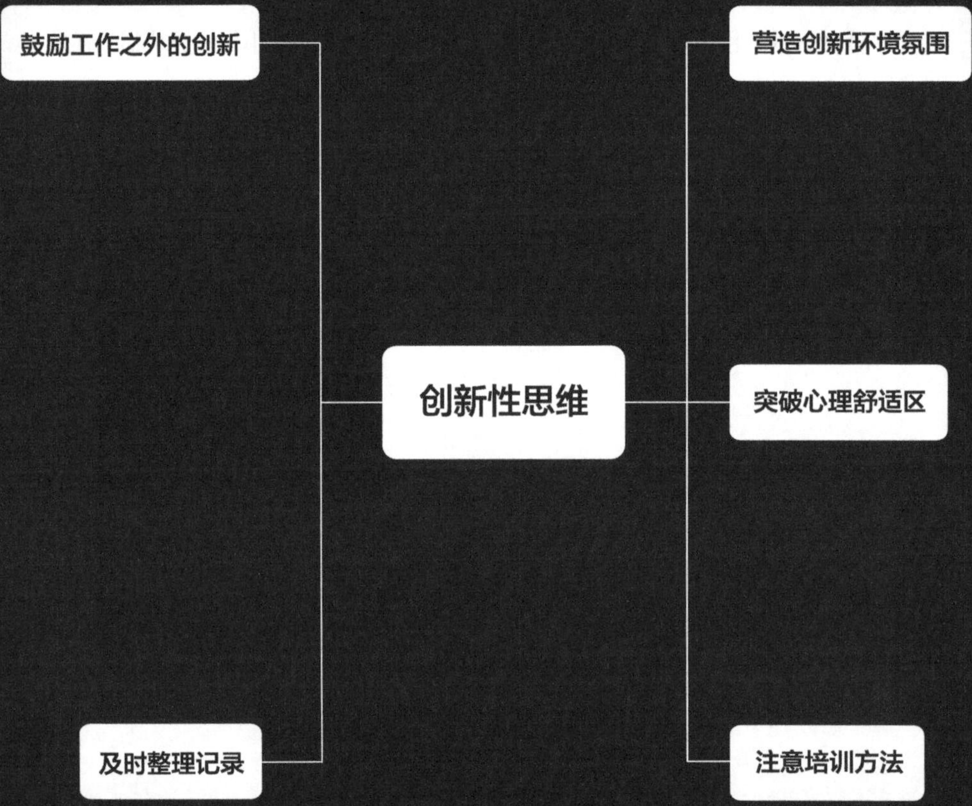
创新性思维
鼓励工作之外的创新
及时整理记录
营造创新环境氛围
突破心理舒适区
注意培训方法

5.6 培养创新型思维，打造高绩效团队

何为创新思维？它是一种创造力，也是一种变革力，既是打破藩篱，也是推陈出新。可以理解为突破常规思维的界限，用超常规、反常规的视角去思考问题，提出新颖独到、与众不同的解决方案。

美国南极探险队有一次进行科研考察时遇到了一个预料之外的难题。最初，探险队打算用运输船把汽油运送到南极越冬营地的码头，然后再铺设输油管道将汽油运送到越冬营地，然而因为准备不足，输油管道的长度比实际距离要短。这该怎么办呢？难道要从美国再运送过来一些输油管道吗？那是既耗时又耗力的工作，恐怕等设备运到时，冬天都已经过去了。因此，探险队员只好将注意力放在寻找输油管道的代用品上。在被白雪层层覆盖、渺无人烟的南极，哪有现成的代用品呢？

正在大家唉声叹气、没有主意之时，探险队长突然灵光一现：“既然没有现成的管道，那么可否就地取材、自制一些临时管道呢？”

队员面面相觑，疑问道：“用什么材料？南极只有雪是取之不尽用之不竭的资源。”

队长说：“对，就是用雪。可以充分利用南极气候寒冷、滴水成冰的特点。先把雪加热，化成水；然后将已有的输油管道缠上医用绷带，再淋上水，绷带很快就会被冻住；从绷带里拔出输油管道，不就可以做出用冰定型的绷带水管了吗？”

于是大家照做，做好了足够的“冰管”，将它们连接起来，顺利地将汽油输送到了冬营地，依靠超常规的思维，利用有限资源，确保了南极越冬计划的实现。

探险队是一个团队，企业也是一个团队，在探索发展的路上，如果没有创新思维，很容易处处受阻，探险队面临的会是科研项目的失败，企业面临的是被市场淘汰的失败。现代企业必须转变思维，紧跟时代潮流，不可以再单纯地依靠控制成本、保证质量、提升服务来取胜，必须做好从满足市场到创造市场、从解决需求到发掘需求、从适应环境到营造环境的转变。而这些转变，都离不开创新思维的支持。

在企业的日常工作中，考核员工的标准很多时候仍然局限于本职工作的完成度、上级的满意度，坚守本职工作、踏实肯干、能按要求完成的人就是合格员工。然而，一个有创见的企业管理者并不只满足于员工的合格，而要去追求员工的优秀。优秀的标准又是什么呢？是否具有创新的思维和能力，便是其中一项重要指标，特别是对知识型员工而言。

世界在变化，科技在进步，如果员工还是持有“不求有功但求无过”的心理，缺乏进取心、探索心，导致个人适应能力不足，难以令工作能力与时俱进地适应不断变化的市场环境，那么注定会拖慢企业进步与发展的脚步。

因此，管理者应该从大局着眼，注重培养员工的创新型思维。建议从以下几个方面入手：

1. 营造创新的环境氛围

在企业的长期发展过程中，思维方式和思维惯性也在同步形成，还会形成一些相对比较固定的看法。当企业走向创新进程时，这些墨守成规的看法很可能成为拦路石，阻碍企业向前发展。所以，想要让员工拥有创新思维，企业就应该先一步拥有创新的思维模式、产业模式，给创新思维营造出良好的成长环境。

首先，大多数的奇思妙想都是在身心放松的状态下产生的，如果工作压力过大、工作内容单调乏味，那么员工肯定会身心疲劳，哪还有精力去思考常规工作以外的事情？所以管理者应该将企业文化环境和企业工作环境相结合，给员工提供和谐舒适的工作场所。员工精力充沛、身心愉悦，才能思维敏捷，自然可以产生创意，由此实现创造性和工作效率的最大化。

其次，创新是灵感和激情，也是建议和意见，是需要表达出来的东西，想要员工拥有创新的自由，就要让他们拥有表达的自由。企业管理者需要以开放的心态和员工实现平等沟通，重视他们的新想法，不可以忽视或盲目轻率地拒绝，要给他们提供充分表达观点、意见和建议的机会，还可以安排相关的综合讨论会，广泛征求民意，以确定这些创新想法有没有现实意义，对有价值的创新要合理采纳，并且给予公开的表彰和奖励。

只有让员工切实地感受到新的思想能引起公司的重视和欢迎，并且能为双方都带来效益，创新思维才可以真正活跃起来。

2. 带领员工勇敢突破心理舒适区

喜欢稳定的环境、惯于待在舒适安全的区域、远离已知与未知的风险，这是人们天生的自保心理和惰性。与之相对的，创新意味着变化和不确定性，意味着冒险，违背人们与生俱来的天性。如果缺乏助推力，员工很难独立走出舒适区。管理者可以在必要之时，给员工提供尝试学习新技能、研究陌生领域的机会，甚至可以用命令的形式推他们一把，使之有勇气踏入新的环境，敢于接受质疑和挑战，让他们的陈旧思维在新鲜事物的良性刺激下活跃起来，改变墨守成规的行为方式。

3. 员工创新能力的培训方法

不管是刚刚入职的新员工，还是具有多年工作经验的老员工，企业都需要对他们进行创新能力培训，而且应该是因材施教、有针对性的，这样才能培养出满足企业未来发展需求的创新人才。管理者可以定期组织一些培养创新意识的讲座，用演示文件或视频这样的直观方式让员工对先进的技术和理念有一定了解，还可以安排一些知识竞赛、案例研究、户外拓展、角色扮演的实践活动，有助于激发创新能力，让员工自行在预设困境中找到最佳解决方案，巩固学习成果。

4. 及时记录整理“灵光一现”

凭直觉而来的思想与创新的灵感，总是转瞬即逝，好记性不如烂笔头，及时把这些思维活动的结果记录下来、保存下来，更便于后续的深入思考、实践利用，是真正意义上的节约智力。尽管这些好的想法只是完整思维的个别片段，不能单独拿出来实现，不过只要员工养成记录整理的好习惯，积少成多，相互关联，就可以零存整取。绝妙的创意、独到的见解、成熟的方案，都是这么诞生的。

5. 工作以外的创新也值得鼓励支持

如果仅仅把员工的创新思维用在他的工作职责之内，未免有点浪费，而且从心理上来说，一旦员工开启了创新思维的大门，他就会对更多的未知领域持有好奇心，想要跨越自身局限的愿望也很强烈。若是管理者怕影响到员工的本职工作而压制这种探索行为，实际上等同于压抑企业的创新氛围。

其实，完全可以在员工完成本职工作的前提下，允许他们对其他工作提出创新型建议。有时候，所处的位置不同，考虑问题的角度也就不同，反而可以激发出更多的创新，让一些原本没有被发现的问题得以浮现、原本停滞的棘手问题得以重启解决。

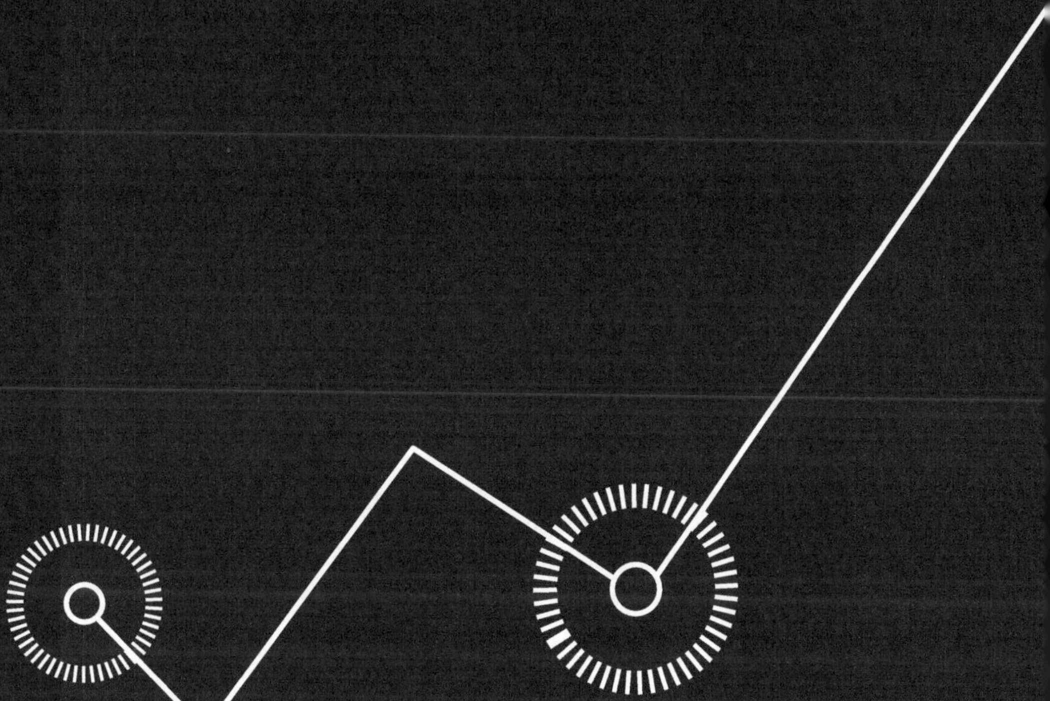

第六章 打造最强团队，方能栽培干将

人才是现代企业的生命所在，“紧缺的人才招不来，优秀的人才留不住，重要的人才用不好”，这是很多企业在人力资源管理上的弊病。如何选好、用好、培养和留住优秀人才，是企业在激烈竞争中成长发展的关键。若想让人才发挥应有的作用，企业管理者要懂得打造好组织结构，重视团队设计和团队建设。缺乏坚实团队基础的企业，再好的经营战略也只是空中楼阁而已。让优秀人才在集体中抱团发挥力量，让企业里的每个角色不冲突、不被干预，保持合理顺畅，这些都是促进企业发展的必要条件。

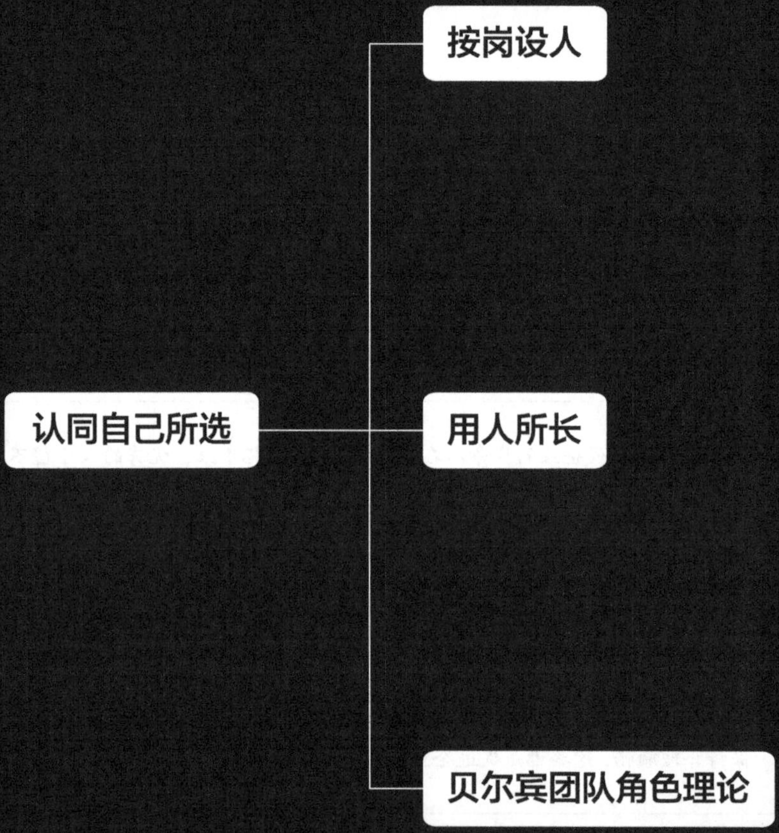
认同自己所选
按岗设人
用人所长
贝尔宾团队角色理论

6.1 认同自己所选，让每个人都有适合的位子

岗位设计：高明的管理者总是按岗设人

英国著名管理学家德尼摩认为：“世间的万物都应该有一个可安置的地方，世间的万物也都应该在它原本就该在的地方。”后来人们称之为德尼摩定律。它告诉我们，每个人都有适合自己的位置，在这个位置上，人或物才能发挥出最大的效用。

在一次全球500强经理人员大会上，通用电气原董事长杰克·韦尔奇与参会人员进行了一次精彩的对话。有人说：“请您用一句话来概括自己的领导艺术。”杰克·韦尔奇回答道：“让合适的人做合适的工作。”

马云回忆说，他为了让阿里巴巴更快地发展、与国际接轨，曾经从谷歌请来一些高端管理人员，但因为岗位设计得不合理，导致他们在阿里巴巴的工作出现了“水土不服”的现象，没有发挥出预期作用。马云为此感慨道：“就好比把飞机的引擎装在拖拉机上，最终还是飞不起来一样，我们在初期确实犯了这样的错。那些职业经理人管理水平确实很高，但是不合适。”

很多企业因为岗位设计不合理，导致企业内部不断出现彼得原理陷阱，下面的例子就是正反两个典型。

案例一

2006年，作为一家以科研为基础的全球性企业，杜邦公司的销售业绩增长率仅为4%，而同行业的增长率却达到了22%。杜邦公司的管理层百思不得其解，为什么作为全球领先的企业，销售业绩会增长乏力呢？

后来，杜邦公司引进了CPQ测评（即衡量个人潜能和岗位匹配的在线测评系统），发现了问题所在。测评结果显示：销售人员的平均岗位匹配度正常值应为30分，而杜邦公司仅有29分。也就是说，公司里绝大多数的销售人员是不适合目前这个岗位的。

发现问题后，杜邦公司管理层马上进行变革，在CPQ测试系统的支持下对销售团队进行大刀阔斧的改革——把不适合做销售的人全部请出销售团队，把合适的人放在合适的位置。

杜邦公司经过两年改革，销售业绩实现了22%的正增长。CPQ测评结果也显示出，销售人员的平均岗位匹配度达到了43分。

案例二

郑杰最初是一家施工企业的技术工人，后来因为工作出色、态度认真，被单位提拔为某重点项目的项目经理。

可是不久，郑杰就意识到这个项目经理的工作并不好干。他的工作内容非常繁多，行政、协调、技术，都需要他的参与，难免手忙脚乱。此外，项目部中一些资历比较老的老员工对郑杰的管理也并不服气，他们在工作上表现得非常拖沓，给郑杰的工作增加了难度。领导对郑杰很不满意，郑杰自己既委屈又困惑。他原本是一名优秀的技术员，却被领导放到项目部做经理，这项工作并不适合他，导致他的才能得不到发挥。

老员工对郑杰不服气，究其原因，也是由组织内不适当的激励机制和晋

> 升机制所造成的。如果公司能够给这些老员工安排合适的岗位，让他们发挥自己的特长，就不会发生人与岗位不匹配的失误了。

由此可见，一个好的岗位设计是提高企业管理水平的重要途径。好的岗位设计有利于留住胜任员工，如果一个团队、一个企业的每个工作都是由胜任且业务熟练的员工做的，那么企业的各项功能就可以正常运转，企业就能提供质量水平稳定的产品和服务，这是企业生存和发展的关键。

作为团队的管理者，在进行岗位设计时，为了防止同类岗位内部出现彼得原理陷阱，就要按不同能力所占的权重予以排队，须处理好以下几种要素：

- 根据组织需要（促进组织目标的实现），兼顾个人需要（调动员工的工作积极性）。
- 规定每个岗位的资格（管理能力、业务水平、学历等不同能力的要求）、任务、责任、权力、报酬。
- 明确该岗位与其他岗位的关系。

当有效的“按岗设人”的岗位研究体系建立以后，在晋升员工、安排职位分工时，就有了具体的、科学的参考值，用各级管理和技术岗位人员的实际情况与空缺岗位（或预备晋升岗位）的需求标准相互比照，就可以快速筛选出谁符合条件、谁不符合条件，或是晋升，或是换岗，或是辞退，或是原地待命。

用人原则：用人所长，匹配合理

我经常听到一些管理者感叹自己手下无人可用，其实很多时候不是手下无人可用，而是这些管理者没有重新去认识自己的员工，没有正确地给他们定位。

管理学里有这样一句话："没有平庸的人，只有平庸的管理。"也就是说，每个人都有自己的特点和特长，管理者要知人善任，让员工去做他们适合且感兴趣的事情，这样才能充分挖掘他们的潜能，实现人才的有效利用。如果一个人的长处没用上，那就是选人的失败。

我不止一次地对身边做管理的朋友强调：实现用人之长，对员工、管理者和企业都大有好处。

对员工的好处	对管理者的好处	对企业的好处
• 发挥自身特长 • 改善自身能力 • 树立工作自信心 • 建立工作责任感 • 提高工作业绩	• 提升个人管理水平 • 培养员工成为分担工作的得力助手 • 专注于思考更复杂、更重要的问题	• 提升企业管理水平 • 实现人尽其才的工作局面 • 提高企业人力资源竞争力 • 促进企业的可持续发展

那么，如何科学地用人所长呢？我们看看汉高祖刘邦和蒙牛创始人牛根生都是如何做的。

案例一

楚汉相争时期，刘邦手下有很多能人，如韩信、萧何、张良等，这些人都是各个领域一等一的高人。刘邦用人有自己的一套，那就是用人所长。在长期的实践和观察中，刘邦发现韩信善于冲锋陷阵、布兵摆阵，适合做将才；萧何心细缜密，为人做事非常谨慎小心，适合做后勤；张良非常聪明，足智多谋，适合做运筹帷幄的谋士。在以后的征战中，刘邦就果断地将用兵之权交给了韩信，把粮草后备运输的任务交给了萧何，而张良则理所当然地成了重要的谋士。

案例二

用牛根生自己的话说：“所谓人才，就是在合适的时间、合适的地点选择合适的人，即最适合岗位的人员。离开岗位谈人才，就像离开矛谈盾，离开船谈帆，离开脚谈鞋，并无实在意义。”

“在合适的时间、合适的地点选择合适的人”就是牛根生用人的“三合模式”，这种用人观是非常朴实的。招聘人才的目的是希望他们的学历、素质、经验能为企业所用，能给企业带来更大的价值。

在任用年轻人方面，牛根生起用了杨文俊担任蒙牛总裁。在蒙牛创业初期，牛根生就让年轻的杨文俊出任液态奶的总经理，那时有些人认为虽然杨文俊做出了很多成绩，可毕竟太年轻了，不适合担任蒙牛的掌门人。面对质疑的声音，牛根生用一句简短的话予以回应：“使用就是最大的培养。”

在牛根生的信任和指导下，完全放开手脚的杨文俊展示出了自己的魄力和实力。为了避开“资金缺少，设备短缺”的短处，同时发挥“蒙牛优质奶源”的长处，他以不足300万元的投入，利用宁夏、黑龙江一些不知名牛奶企业的设备为蒙牛生产加工产品。这番大胆的举措为蒙牛的超速度成长打下了坚实的基础。

牛根生就是这样将时间、地点、岗位和能力结合起来，并且大胆起用年轻人，让蒙牛的人才精明强干，队伍团结合作，将自己的“三合模式”发挥到了极致。

由此可见，每个员工都有自己的长处和短处，管理者的责任就是按照他们这些不同的长处和特点，量才使用，为各级员工提供能充分施展才能的机会和条件，在工作的不同层面上达到人的能力与工作职位的合理匹配，体现出“人得其位，位得其人”的效果。牛根生的“三合模式”体现的就是这种能岗匹配。具体操作起来，一是要懂得知人，二是要做到善任。

1. 充分了解，用人所长

闻道有先后，术业有专攻，每个员工都有自己的性格特征、能力专长。管理者要充分了解下属的特点、兴趣、优势所在，这样才能针对某项特定的工作选择适合的人才。简言之，让合适的人做合适的事，就是“能力较高的人去做复杂的工作，能力较低的人去做简单的工作”。

比如说，让权力欲较强的员工担任与其能力相适应的主管工作；遇到具有一定风险和难度的工作，可以安排给那些成就感、名誉感强烈的优秀员工，让他单独完成，或是带头完成，若是进展顺利，一定要及时给予肯定和表扬；遇到团体性、协作性强的工作，可以安排给那些配合度高的员工，擅长执行和配合的他们总是可以有条不紊地完成工作任务。

如何证明自己做到了用人之长？我们可以这样检验，当管理者用对了人，某项工作就会办得很顺利，也可以达到预期效果；当管理者用错了人，某项工作就容易出现偏差、波折，不断出现很多棘手的问题，多数时候都会以失败告终，即便勉强完成了，结果也不会十全十美。

2. 灵活地看待能岗匹配

有的管理者问我：“现实中哪里有那么多的能岗匹配？”如果员工的能力与目标岗位所需要的才能可以完全匹配，这是最好不过的事情，但现实中人的能力和工作职位完全匹配并不容易做到。事实上，在企业中个人能力高于职位和能力低于职位的情况都是普遍存在的，只要管理者灵活看待、运用得当，就是合理的。

比如说，有的员工能力高于职位本身的要求，他可能觉得自己的能力得不到发挥，工作的积极性自然就不会高。这时怎么办？我们可以安排年龄较大的员工来做这个职位。因为年龄较大的人少了几分争强好胜的心理，大多甘做人梯，而且他的工作能力几乎失去了弹性，处于不断衰减的状态，正好适合这种情况。

有的员工个人能力低于职位要求，该怎么办呢？这时要分情况来看，差距过大显然是不合适的；如果差距比较小，我们就可以考虑让有潜力的年轻人来担当这个对他具有挑战的职位。年轻人的特点是精力旺盛、求知欲强、进取心强，只要稍加培训，就会取得很大的进步。

贝尔宾团队角色理论：成功的团队需要不同角色

对一个团队而言，员工之间的相互配合能力是非常重要的，如果留下来的员工都属于团队领导型人才，每个人都想让其他人唯自己马首是瞻，谁也不服谁的指挥，那么这个团队就很难获得成功。因为一个成功的团队需要的不是无数个主角，而是个性迥异、戏份不同的多个角色，这样才能“演出来一部精彩纷呈的好戏”。

有“团队角色理论之父”之称的英国团队管理专家梅雷迪思·贝尔宾博士在其《管理团队：成败启示录》一书中提出：“没有完美的个人，但有完美的团队。”

在他看来，一个成熟的团队需要有以下9种角色：完成者、执行者、塑造者、协调者、资源调查者、协作者、创新者、专家、监控评估者。他们分别负责行动导向（执行团队分配的各项任务）、人际导向（对内外部的人际关系进行协调）、谋略导向（发挥才智做出决策、提出创意）三类任务活动。这就是我们常说的“贝尔宾团队角色理论”。

我们把这些角色分别来看一下：

完成者

CF（Completer Finisher）

主要性格特征		勤奋有序，认真，有紧迫感
可容忍的弱点		缺乏全局观，对小事情会过于担忧
在团队中的作用		刺激其他人参加活动，并促使团队成员产生时间紧迫的感觉
团队中的角色匹配	领导	资源调查者、创新者、塑造者
	同事	执行者
	下属	执行者

执行者

IM（Implementer）

主要性格特征		务实可靠，尽职尽责，富有责任感和较强的组织能力
可容忍的弱点		缺乏灵活性，对没有把握的主意不感兴趣
在团队中的作用		将概念或者工作目标转化为实际操作步骤
团队中的角色匹配	领导	创新者、塑造者、完成者
	同事	协调者、资源调查者、监控评估者、完成者、专家
	下属	完成者

塑造者

SH（Shaper）

主要性格特征		性格外向，富有挑战精神，有较高的成就感；能有力推动任务的进展
可容忍的弱点		好斗，容易因激进导致矛盾升级；敏感，缺乏耐心
在团队中的作用		寻求群体讨论的模式，引导群体达成一致意见并做出相关决策
团队中的角色匹配	领导	协调者、评估者
	同事	资源调查者
	下属	协作者、完成者、执行者

协调者

CO（Coordinator）

主要性格特征		沉着、自信、能控制局面
可容忍的弱点		缺乏特别的智慧和创造力
在团队中的作用		明确团队目标和方向，安排团队工作，进行团队总结
团队中的角色匹配	领导	塑造者
	同事	协作者、执行者
	下属	创新者

资源调查者

RI（Resource Investigator）

主要性格特征	开朗热情，富有好奇心和创造精神，善于交际
可容忍的弱点	过于乐观，有些冲动，有时缺乏自律

续表

在团队中的作用		积极建立外部联系，获取团队或者组织以外的有效信息
团队中的角色匹配	领导	塑造者
	同事	协作者、执行者
	下属	完成者

协作者

TW（Team Worker）

主要性格特征		善于鼓舞士气，有效促进团队合作
可容忍的弱点		容易优柔寡断，缺乏变革精神
在团队中的作用		为团队提供帮助和支持
团队中的角色匹配	领导	塑造者
	同事	协作者、创新者
	下属	专家

创新者

PL（Plant）

主要性格特征		有个性，富有想象力、创造力，知识面广
可容忍的弱点		想法激进，可能会忽略实施的可能性
在团队中的作用		常为团队提出建设性意见和创新点
团队中的角色匹配	领导	协调者、协作者
	同事	协调者、资源调查者、协作者
	下属	执行者、监控评估者

专家

SP（Specialist）

主要性格特征		专心致志，主动自觉，全情投入
可容忍的弱点		知识技术具有局限性，其兴趣只在自己的领域
在团队中的作用		解决技术问题，技术研发与管理，提供专业意见
团队中的角色匹配	领导	协作者、协调者、执行者
	同事	执行者、协作者
	下属	执行者、协作者

监控评估者
ME（Monitor Evaluator）

主要性格特征		态度严肃，非常慎重，客观公平，判断鉴别力强，信息资源丰富
可容忍的弱点		缺乏热情，过于冷淡，不善于有效激励他人
在团队中的作用		分析与评估事件、他人以及贡献
团队中的角色匹配	领导	协调者
	同事	协调者、执行者
	下属	执行者

在团队中，尤其是那些规模足够大的团队中，担任什么样的角色，通常是由员工的性格特征和一定的后天训练决定的。因此，在组建团队、安排团队分工时，管理者要考虑两个问题：哪些员工可以承担起团队中的哪个或者哪些角色？如果暂时缺少部分角色，哪些员工又可以被培养为暂缺的角色？

“贝尔宾团队角色理论”可以帮助管理者在架构团队时，确保每个职位的逻辑性和完整性，并让团队里的每个人都能正确分析自我与特质，找到自己在团队中的合适位置，同时不断优化个人能力，形成优势互补。只有各种角色综合平衡，才能实现功能齐全，从而打造出一个成功的团队。若是角色单一失衡，必然会用事实印证出贝尔宾博士的断言：“用我的理论不能断言某个群体一定会成功，但可以预测某个群体一定会失败。”

不要忽略公司里的B角

每个公司里都有不同类型的员工，不同类型的员工才能满足团队的不同需要。

根据哈佛商学院组织行为学教授托马斯·德朗和维尼塔·维杰亚拉加范的研究，我们的员工可以分为A角、B角、C角。打个比方，A角就好像舞台上的大明星，通常是公司的“明星员工”，有雄心，能力强，更愿意与领导交流，完成的工作更具挑战性，能获得快速提升，他们构成员工队伍最上面的10%；C角是最底层的员工，是跑龙套的，他们为了饭碗而苦苦奋斗，构成了最底层的10%；那些剩下的80%自然就是B角，是公司里数量最多的员工。这些B角“永远不会获得最多的收入或争取到最大的客户，但也不大可能使公司陷入尴尬的境地或被淘汰出局”。

为什么公司里会有A角、B角、C角的区别？究其本质，应该是“关注度”的区别。

企业内部的关注指向	企业外部的关注指向
总经理→总监→经理→主管→明星员工	同行与客户→决策的管理者

由此可见，大多数负责实际执行的普通员工总是处于暗处，由于组织规模的庞大，由上而下的管理与监管难以面面俱到，所以他们对企业、对团队做出的具体贡献一般不会被公司高层所熟知。从另一个角度来看，这部分人之所以存在感较弱，也有一定的主观原因，比如，有的人确实因为能力有限，无法以优秀的表现博得关注；有的人个性低调，不愿意在团体里出风头，那些会引起别人特别注意的事情，他们都尽量避而远之；有的人不想把全部精力投入到无休止的工作和对职位的追逐中，他们更倾向于在工作与生活中寻找平衡点。简言之，“关注度”的差异导致了B角的诞生。

虽然B角看似没什么进取心，贡献也不够突出，但正因为他们主观上喜欢平稳的工作，所以从客观上也能够抵御外界的诱惑，并且很少会参与到企业内部的权力更迭中。不管企业发生了多少次大大小小的变革，他们都能发挥出重要的平衡作用，尤其在经济困难时期，恰恰是B角成了留在公司的中流砥柱，帮助企业稳定军心、树立信心。

A角的优点是有才华、有闯劲，他们的缺点是很容易流失，在组建团队、整合团队时，设法留住A角是肯定的，同时也要保留相当比例的B角，他们的存在能起到稳定队伍结构、提升忠诚度的作用，尤其可以避免在大规模裁员时突然失去A角而导致团队整体战斗力大大削弱的情况。A角与B角相互制衡、相互促进，能够让团队达到一种微妙的动态平衡。

下面的案例很好地证实了这一点。

一家公司因为资金链断裂，陷入了债务危机，不得已开始债务重组。在这种情况下，公司决定裁员30%。裁员结束后，管理层才发现很多原来不准备裁掉的员工也主动离职了，而有一部分留下来的员工的绩效并不好，整个团队的绩效水平因此降低了不少。现在，管理层很是懊恼，因为裁员数量虽然是成功的，但是团队质量却下降了。

为什么会出现这种情况呢？我们先从头分析一下整个事件的过程。

当公司陷入债务危机时，公司总经理专门召开了各部门主管会议，并传达了公司总裁的指示：公司当下正处于债务危机中，即将开始债务重组，准备在三个月内裁减员工总数的30%。会议就这样草草结束了。

之后，人力资源经理把裁员方案草案递交给总经理，不过草案一直没有在会议上进行过讨论，因为接下来的几周内，不断有部门主管辞职，应该参与会议的人不在其位，应该开的会议就一直开不起来。

面对这么多主管请辞，总经理觉得，这时候正是考验员工忠诚度的好时机，他们想离开就离开吧，公司也可以不为这些缺乏忠诚度的员工浪费人力和物力了。

起初，一些部门主管的离职并没有影响到公司的正常运转，可是当总经理查看人员异动报告时，惊讶地注意到一些重要部门的员工人数也在急剧下降。

不久，由于原融资经理及其助手也都意外地辞职了，牵涉到融资及资金使用安排的很多情况，公司里的其他员工一问三不知。面对迫在眉睫的重组事宜，总经理只好从各地分公司抽调一些骨干组成“债务重组响应小组”。这些骨干主要分为两种，一种是留下来的“明星员工”，另一种是替补上场的B角。但结果并不乐观，这些B角上场以后，由于不熟悉总公司运作，一时难以达到总经理的要求；而分公司的A角们因为离开了B角的支持，工作绩效也大幅下降。

从案例来看，这明显不是一次成功的裁员，只是勉强实现了裁员的目标而已。不成功的原因有很多，从表面看，是总经理没有计划，执行无据可依，而且在发现问题后没有及时采取措施，缺乏控制手段。但回过头来，我们再来看更深层次的原因，那就是这家公司在长期运营中没有重视人才梯队的建设，不重视员工的成长和职业生涯规划，裁员之后，员工变得没有安全感，最后导致一些优秀的B角在公司困难时期纷纷离开。

每个公司都有一大批工作踏实、安于现状、默默无闻的员工，他们不像A角那样光芒四射、雄心勃勃，可这些B角同样也是稳定公司的基石。像其他员工一样，B角也需要得到公司的重视、培养和认可，如果公司做不到，他们只有选择离开，公司的稳定性便会遭到破坏。以这样的方式失去B角，对于任何公司来说都是不值得的。可见，B角更需要管理者的重视，若是激励得当，效果甚至可以胜过对明星员工的激励。

如何来培养并激励公司里的B角呢?

1. 接受员工之间的差异

金无足赤，人无完人。管理者需要正视B角的本性和价值所在，接受“不够优秀、不够完美”的差异，因为这是客观现实，既然无法轻易改变，那么就应该加以善用。管理者需要认可他们的努力，赞扬他们的成就，并且告诉他们，正是因为这些差距才让他们的存在具有不一样的价值，甚至是不可替代的价值。

2. 均分时间，不要忽略对B角的关注

管理者应该本着一碗水端平的态度，要把自己的时间精力进行平均分配。如果管理者过度关注了A角和C角，就会冷落了B角。就算B角甘愿默默无闻地工作，但那不意味着他们完全不在意自己的存在感，被尊重、被理解、被信任，是人的基本心理需求，管理者一定要懂得适时满足，在思想、工作、生活等方面给予关怀与照顾。

3. 增设非常规的奖励

通常来说，因为B角的工作业绩表现一般，所以在企业的各种表彰活动中，很难在领奖台上出现他们的身影。但对于B角的鼓励和奖赏是不可忽视的，如果不能在加薪升职上给予常规激励，那么管理者就要用其他方式认可他们付出的努力，奖励他们做出的贡献。

鲍勃·纳尔逊在《奖励员工的一千零一种方法》中写道：“对员工而言，在恰当的时间、从恰当的人口中道出一声真诚的谢意，要比加薪、正式奖励、无数资格证书与勋章更有意义。”当B角取得工作上的成绩时，管理者可以发一封邮件，或写张简短的纸条，或打一个私人电话，向他表示祝贺与认可，也可以在公开场合，特别是他的同事面前，与其握手、拍拍他的肩膀，表达对他的赏识。

4. 提供横向发展的职业选择

有的管理者在重点培养B角时，往往不会想到去规划B角的职业发展道路。我认为管理者应该寻找机会促进有前途的B角在公司内“横向发展”，这样既可以保持他们在组织中的良好业绩记录，同时也可以为他们提供真正的职业选择。

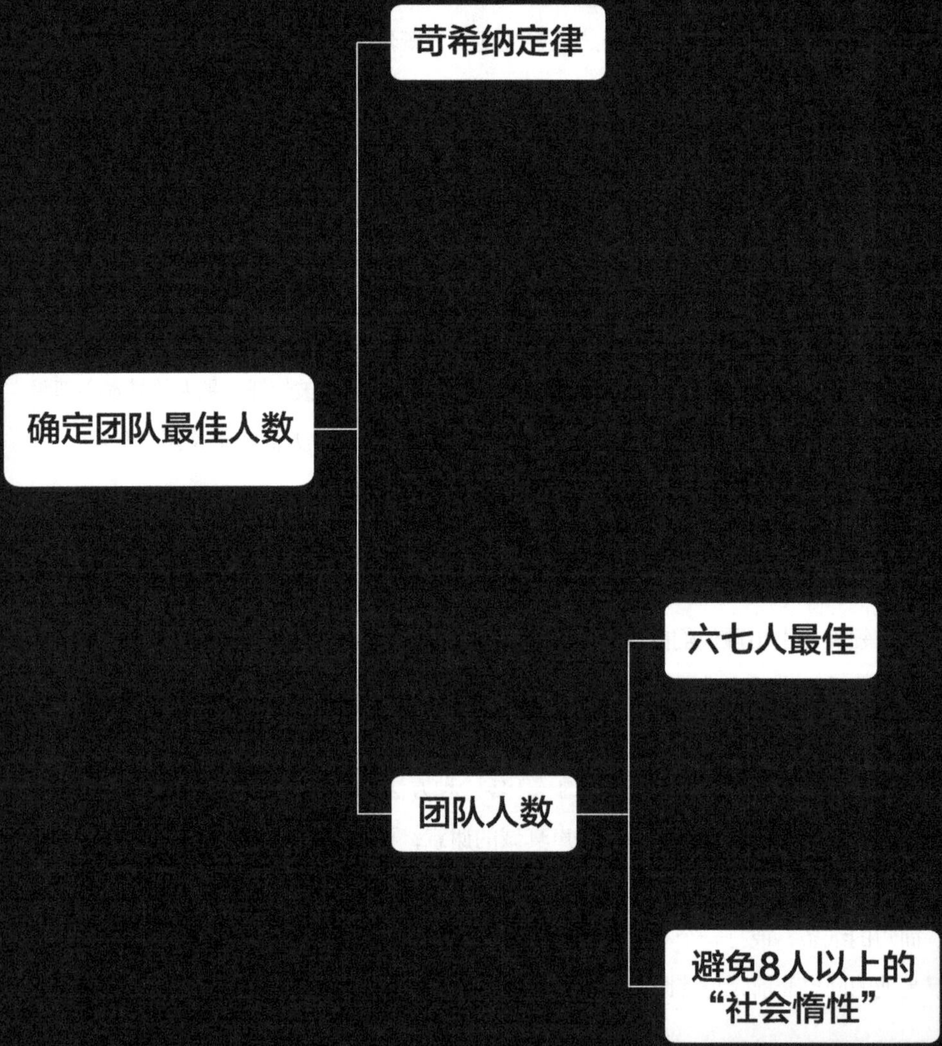
确定团队最佳人数
苛希纳定律
团队人数
六七人最佳
避免8人以上的
“社会惰性”

6.2 确定最佳团队人数，多并不一定就好

我们都知道，篮球队有5个人，棒球队有9个人，足球队有11个人，这是约定俗成的体育比赛规则。根据职能、分工、位置的不同，这种人数搭配最为合理。那么，企业中每支团队的最佳人数在什么范围内才是最为合理的呢？

西方管理学中有一条苛希纳定律，说的是在企业管理中，实际人数、最佳人数、工作时间、工作成本之间的正比关系。例如，如果实际人数是最佳人数的2倍，工作时间就要多2倍，工作成本就要多4倍。

从苛希纳定律中可以看出，企业在人才管理上不是“韩信将兵，多多益善”，人多未必力量大。人多必闲，闲必生事。有时候团队人数越多，工作效率反而会下降。“两个人挖一条水沟，需要花费两天时间；四个人挖一条水沟，需要花费多少天？”这是一道看似再简单不过的小学数学题。但在实际应用中，答案却充满了不确定性，可能一天时间就完成了，也可能需要四天，更可能永远也完成不了。就像“一个和尚挑水吃，两个和尚抬水吃，三个和尚没水吃”的经典寓言故事一样。

在现代企业管理中，这样的事例屡见不鲜。

有一家工厂想更新厂里的设备，可是怎么处理那些被淘汰的老旧设备呢？

这时老板说：“这些设备虽然有些老，但还不能扔，马上找些人把它们存放起来。”可是工厂里实在没有多余的仓库，老板嘱咐手下人新建仓库，用于安放这些设备。

老板说：“虽然这些设备有地方放了，但是不能放任不管，再找个看门人。”于是工厂又找了一个库管来看管仓库。

老板说：“这个库管是新来的，不会工作怎么办？应该再找两个人协助他。”于是工厂又指派两个人组成计划部，分别负责传达任务和制订计划。

老板说：“这三个人得不到监督怎么办？”于是工厂指派两个人组成监督部，分别负责现场监督和绩效考核。

老板说：“这几个人的分工不同，级别不同，收入上应当拉开差距。”于是工厂又指派两个人组成财务部，分别负责计算工时和发放工资。

老板说：“现在出现了好几个部门，管理没有层次，出了问题谁负责？”于是工厂又指派四个人组成管理部，其中一人是总经理，负责及时向老板汇报仓库情况，其余三人分别负责管理计划部、监督部、财务部。

一段时间之后，老板说：“我最近算了一下仓库的管理成本高达20万元，这个数字有些高，你们一周内必须想办法解决。”于是，一周之后，库管被辞退了。

这个故事讲的其实就是一个典型的“苛希纳定律”现象。它告诉我们：由于实际的人员数目比需要的人员数目多，机构臃肿、层次重叠、派系丛生、人浮于事、效率低下等弊端就会由此产生，形成恶性循环，大型团队往往因此土崩瓦解。

这时怎么办？想要让管理收到最好效果，每个部门都能找到最合适的人数是解决问题的关键，这样才能最大限度地减少冗余的工作时间，降低工作成本，实现企业利益的最大化。

通用电气原董事长杰克·韦尔奇为我们提供了一个很好的案例。

1892年，通用电气成立，历经百年风雨而不衰。从当初的照明、铁路运输、发电和供应4个产业部门、年销售额1200万美元，到1981年已经发展为从飞机发动机到工业自动化，从发电机到新兴工业材料等几十个产业，年销售额达270多亿美元。公司下属有350家大小小小的工厂，员工近40万名。在20世纪80年代初，通用电气正式进入了一个鼎盛时期。

也就是在这个时候，通用电气和美国其他一些大型传统企业一样，患上了可怕的“巨人病”。整个组织机构臃肿，组织管理混乱，工作效率低下，内部亏损严重，公司的发展开始走下坡路。

1981年，年轻的杰克·韦尔奇被公司安排到通用电气的第一把交椅上。上任之初，敏锐的他意识到，通用电气的前途未卜，必须立即进行彻底变革才是唯一出路。

韦尔奇认为："我们的机构必须精干，像人一样，胖了就行动不便了。"于是韦尔奇大胆地采用精简机构、丢卒保车的妙招。他手握锋利的手术刀，对企业的组织结构进行了干净利落的改革。他将过去的350个事业部精简为38个战略经营单位，并在1987年进一步合并为14个产业集团；砍掉了通用电气25%的企业，裁减了10多万人；将5个主要管理层减少到3个。最终形成三级管理体系，也就是"公司—产业集团—工厂"。

通用电气的经营被彻底盘活了，从而度过了最危险的时期。从1981年到1990年里，公司的销售额从原来的270亿美元直线上升到540亿美元，公司股票市值也从120亿美元上升到580亿美元。

这是一个竞争激烈的社会，只有能长久保持竞争力的企业，才能在竞争中发展、做大、做强，长久地存活下去，实现基业长青的目标。企业竞争力从哪里来?答案是用最小的工作成本实现最高的工作效率。也就是说，企业必须优化组织结构，人尽其才、才尽其用，用最少的人，做最多的事。

我认为，无论是开创业公司，还是搭建部门、组建项目小组，根据企业现状和团队目标的实际情况，最佳团队人数最好控制在六七个人，并且需要确保每个成员都能发挥个人优势，在自己的岗位上发挥出最大的贡献。当团队人数达到8人以上并且逐渐扩大时，管理者会发现它开始显露出"社会惰性"，就像拔河比赛一样，越多人参与，每个人贡献出的力量较之以前就越少，大家都在得过且过地混日子，甚至有些人还在滥竽充数，这样的团队是难以健康、均衡、可持续发展的。

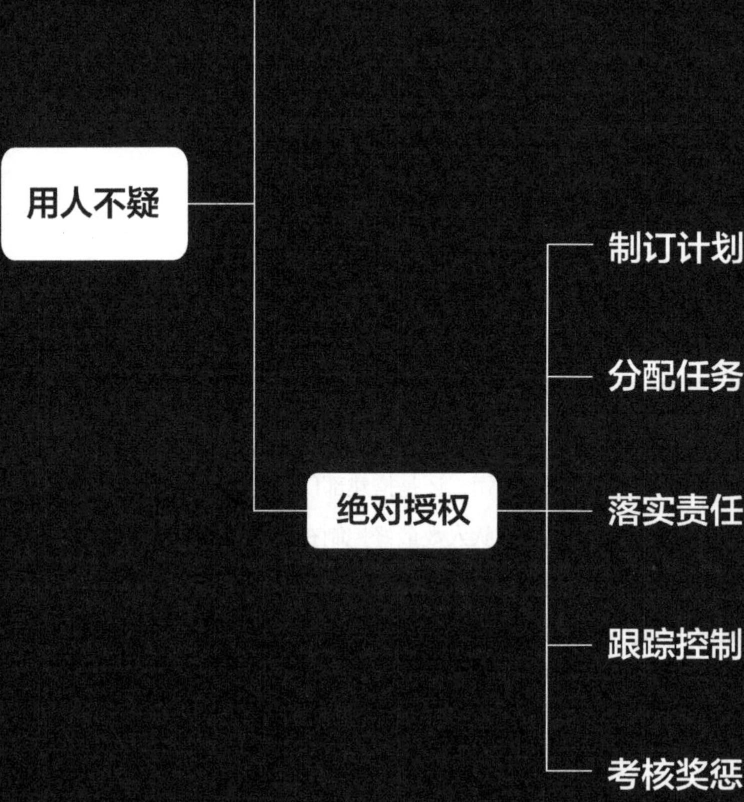
用人不疑
绝对授权
制订计划
分配任务
落实责任
跟踪控制
考核奖惩

6.3 领导者绝对授权：用人不疑，疑人不用

有一次我对女儿说：“宝贝，以后我把管理弟弟的任务交给你，怎么样？”女儿很开心地答应了。接下来的几天，也没见女儿有什么动静，我以为她把这件事早就忘了。

一天晚饭时，她要弟弟多吃一些，可弟弟不想吃，结果就哭了。这时我在旁边插了句：“他不吃就不吃，你非让他吃干吗？”这时女儿委屈了：“我只不过是说了弟弟两句，他就哭了。你以前说让我管理弟弟，可我每次管他时，他一哭，你就指责我，以后我才不要管了。”

听了女儿的话，我当时就愣住了。是啊，明明是自己放的权，为什么我还要插手这件事呢？

通过这件事，我想到一个管理学上的法则，那就是拜伦法则——授权他人后就完全忘掉这回事，绝不去干涉。这是由美国内陆银行总裁D. 拜伦提出的一条管理经验法则。

很多领导者，尤其是那些比较自信的领导者，他们在将自己的权力下放时，内心总会有一种声音“他不行，他不了解我是怎么想的，也不明白我的方法”。当他们的内心存在这种怀疑的声音时，放权的效果自然也是不理想的，会严重挫伤被授权人的工作积极性，还会产生多种管理方法、执行规则并驾齐驱的局面，让下属陷入不知道该听谁的话的两难境地。这种假授权不利于建立和完善团队管理和现代公司制度。

作为美国第三大传媒公司维亚康姆公司的掌门人，雷石东是一个控制欲极强的领导人，权力一直不能合理下放。

2000年，梅尔·卡马辛开始担任维亚康姆公司的总裁兼首席运营官。卡马辛的工作作风强硬，同时善于削减成本。在他的领导下，维亚康姆的财务状况得到了明显改善。不过，其稳健甚至趋于保守的经营作风，却让雷石东讨厌极了。雷石东指责卡马辛没有给予有线电视和广播电台业务以足够的人力、物力投入，是一个只顾眼前利益、影响企业发展后劲的短视之徒。其实，两个人的矛盾再往深挖，还是源于权力的碰撞。一个作风强硬、不肯退让，一个控制欲强、暴躁不耐烦、固执己见，这样的两个人在一起，权力分配成了最大的困难。

最后，维亚康姆公司不得不辞掉卡马辛，并任命了旗下MTV网络公司的CEO汤姆·弗雷斯顿和CBS公司的CEO莱斯利·穆恩伍斯出任公司的联合总裁兼联合首席运营官。这对搭档虽然个性不同，但合作起来却非常有默契。

以卡马辛辞职为分水岭，已近垂暮的雷石东也有了心态上的改变，他表示，自己将在三年内从公司CEO的职位上退下来，公司交由弗雷斯顿和穆恩伍斯掌管，给他们足够的发挥空间，他不再亲自抓公司的日常经营，只是每周跟两位联合总裁碰几次面。雷石东说："一个人是无法经营维亚康姆的……你就要给他们足够的自主权。微观管理是留不住人的。"这时的雷石东已经对管理有了新的理解。虽然他仍坐镇指挥着维亚康姆这艘大船的航向，但已经不用亲手去掌舵了。

不可否认，对一个控制欲极强、事必躬亲的领导来说，逐步退出一些事务性工作，分权授权给下属时，明知接掌自己事业的人是特别优秀的人才，内心仍然会感到难以割舍，特别当这些事业曾经给了自己引以为傲的成就时，更是这样。

这时怎么办？我认为，随着企业规模的迅速扩大，管理者不应该扮演一个依靠个人能力将团队目标独自实现的独胆英雄，而应该扮演一个懂得挖掘和调动下属的积极性、带领他们一起完成目标的领袖人物。因为管理者的主要责任不是应付公司的琐碎事务，而是建立健全一套好的企业管理体系。

当管理者授权给下属之后，就应该相信自己选人用人的眼光，也要充分地给予信任，尤其是放权范围内的事情，尽量不要横加干涉，要相信他们能够处理好这一切，完成你的期望，并且还会让你感到惊喜。

松下电器的创始人松下幸之助说过："授权可以让未来规模更大的企业仍然保持小企业的活力，同时也可以为公司培养出发展所必需的大批出色的经营管理人才。"适当授权能让下属更加积极地参与到企业的运作和管理上来，有了这些人才，企业的发展就会如虎添翼、如鱼得水。

关于放权的问题，新东方董事长俞敏洪认为："长期来看，放权是一种必然，但放权也不是一蹴而就的，这些年我一直在强化人才梯队建设。放权之后，公司要稳健前行，不能产生业绩滑坡，这是放权的前提。目前来说，我处于放权和集权的中间状态。对于新东方而言，精神上对我的依赖是日渐强化，管理上对我的依赖是在逐渐弱化。"可见，一个优秀的企业管理者既要会授权，也要会控权，不能完全做甩手掌柜，要从大的方向上进行把握，做好制订计划、分配任务、落实责任、跟踪控制、考核奖惩等工作。

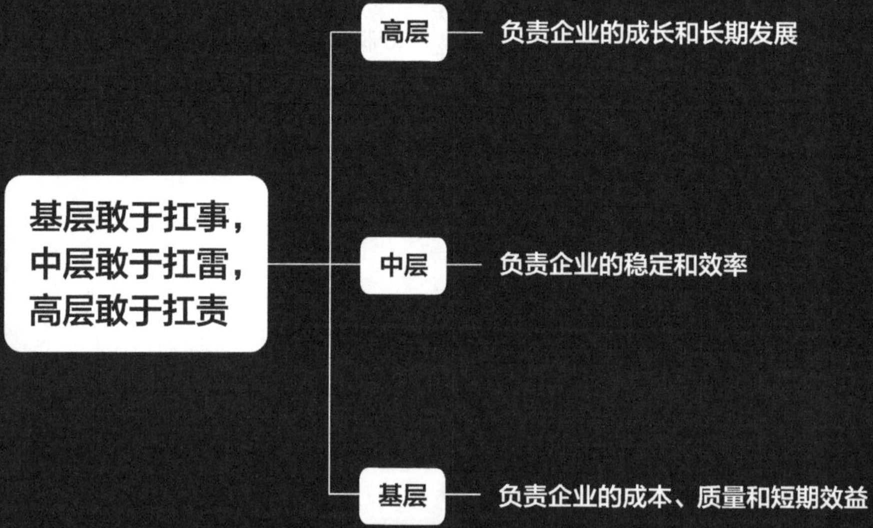
基层敢于扛事，
中层敢于扛雷，
高层敢于扛责
高层
负责企业的成长和长期发展
中层
负责企业的稳定和效率
基层
负责企业的成本、质量和短期效益

6.4 基层勤于扛事，中层敢于扛雷，高层勇于扛责

在现代企业管理案例中，有些企业明明集结了一群精英员工，但最终却失败于工作效率低下、组织内耗巨大，着实令当事人百思不得其解。当局者迷旁观者清，如果能深入这些公司内部，去观察管理者和员工们到底是如何工作、如何相处的，就会很容易发现一些端倪，找到失败的罪魁祸首。

某家创业公司的老总找到我，愁眉苦脸地说："我已经在很努力地工作了，事事亲力亲为，为什么公司还是发展不起来？公司现在就好像行动迟缓的老年人一样，我已经在搀扶着他走路了，但他还是步履蹒跚，而且还拖慢了我的速度。"

我说："带我去你们公司转一转，我看看，就知道症结所在。"

一进门，我就看到公司前台在无所事事地端详着自己的指甲，恰好此时电话响起，还没等前台去接电话，那位老总就一个箭步冲过去，接起了电话。前台于是便坐回到座位上，呆呆地望着老板和客户通电话。

接完这个电话，正好赶上部门经理从外面办事回来，手里拿了一叠文件，老总迎过去询问了一番工作进展，批评了几句，还顺势把文件接过来，一边仔细查看一边走回自己的办公室，留着不知所措的部门经理站在原地，脸上露出了不太好看的神色。

"果真是事事亲力亲为啊！这恐怕就是公司发展不顺畅的原因吧！"我语重心

长地对这位老总说道。

这家公司的问题就在于搞混了各个层级的职责。基层员工态度散漫，没有工作效率，在其位不谋其事，混日子、混工资；中层管理者虽然工作认真负责，但总是处处受到上级的影响和制约，难以施展拳脚、发挥出自己的全部能力，被屈才的压抑感笼罩着；高层管理者则忙得脚打后脑勺，交给中层管理者去做的事情，他不放心，还要亲自查验，就连属于基层员工的工作内容，只要他有时间，就会奔赴一线，表面上看是负责任，实际上却是不断地在成本、品质和效率上浪费本应该放在别处的时间和精力。

这样一来，整个组织都处于一种职责不明、分工混乱的状态，每个层级的员工所做的都不是自己的分内之事，这样的企业如何能实现高效运作呢？不同层级员工的职责是不同的，企业需要他们所做出的贡献也是不同的，高层、中层、基层人员的职责不应该相互替代。越权或渎职的行为，都不利于企业的平稳发展。

那么，在一个典型企业中，高层、中层、基层人员的真正职责应该是什么呢？

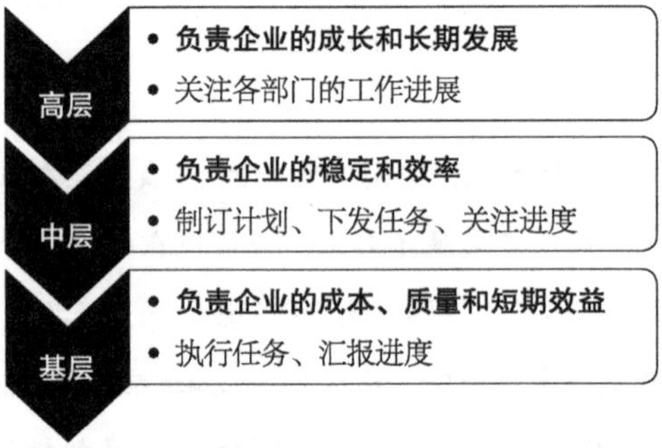

对于处在组织下端的基层员工而言，他们要做的是各种细致的日常工作，在销售赢利、控制成本等一些具体事务上发挥自己的能力和水平。

他们就像是一艘轮船上的水手和杂务工，要勤于扛事。这就要求他们对自己的本职工作持有强烈的责任心，以饱满的精神、可靠的技能去执行上级交派下来的各项任务。

对于处在组织中游的中层管理者而言，他们或者是部门经理，或者是项目经理，所负责的是一个运营着的部门、若干个正在实施中的项目，部门和项目是由无数个具体事务组合而成的整体，因此中层管理者就应该从部门和项目的整体角度去思考问题、负起责任。他们需要关注的是如何提高生产力水平、如何促进人力资源发展、如何贯彻落实上级的思想和战略、如何指导监督下属的操作和执行。

他们就像是轮船上的大副、二副、瞭望手，要敢于扛雷。这里的“雷”可以泛指一切在工作中出现的具有挑战性、冒险性的事情。作为承上启下的中层管理干部，想要让上上下下的人都对自己的工作满意，确实不容易，下属的懈怠、抵触、对抗，上级的施压、苛责与误解，都是“雷”的化身。这就需要中层管理者从大局着眼、从细节着手，方方面面考虑周全，维护协调好多方利益，才能将这些问题和矛盾游刃有余地加以解决。

对于处在组织上缘的高层管理者来说，他们必须具有高瞻远瞩的未来意识，要先于自己的员工拥有明确的方向感，他们既要对外紧盯着整个市场、整个行业的变化，还要对内规划企业的战略纲领、引领企业的发展方向。

他们就像是轮船上的船长，要勇于扛责。船不一定是自己的，但航行的目的、方向、速度，一定要在船长的掌控之中，他需要对船的所有者负责、对船上的工作人员负责、对船上的乘客和货物负责。一旦发生轮船倾覆等意外，船长应该是最后一个离开的。

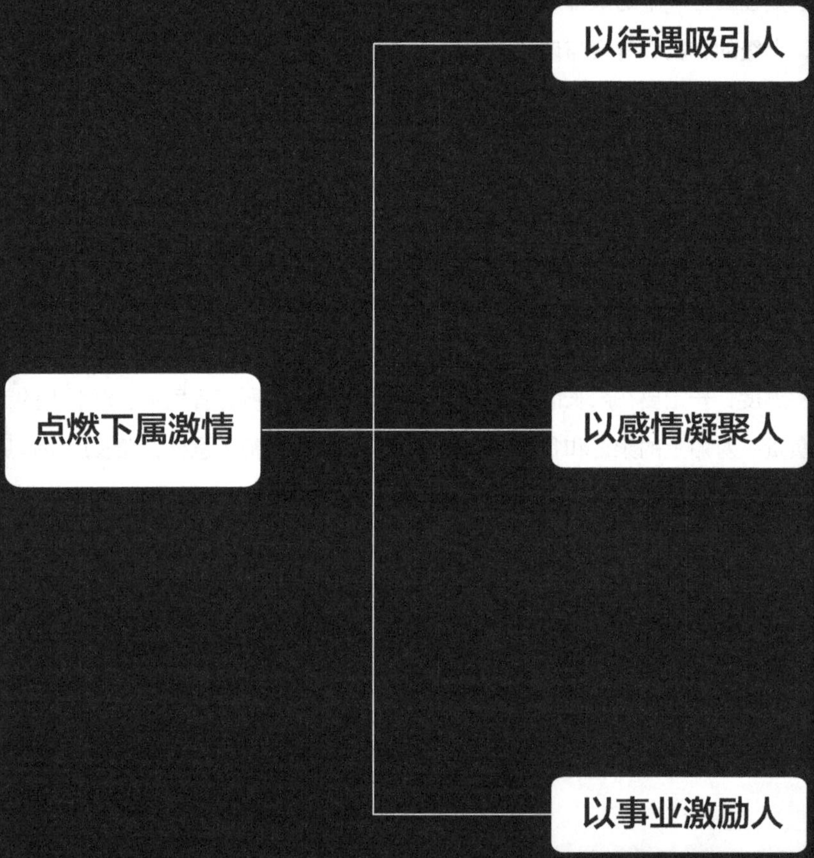
点燃下属激情
以待遇吸引人
以感情凝聚人
以事业激励人

6.5 点燃下属的工作热情：以待遇吸引人，以感情凝聚人，以事业激励人

工作是由人来主导的活动，需要投入大量的精力和心力，也会带着每个人的情绪和目的，并不会像机械器材那样按部就班地运转，所以每个人的工作状态充满了不确定性。在何种状态下，员工会认为手头上的工作值得做而全力以赴？乐于为了未来的利益而接受现在的挑战？只有当他认定这项工作、这个企业与自己的价值观和人生观相符时，才会由内而外地充满工作热情，拥有服务企业的动力与奉献自己的勇气。

如今的社会，信息流动量加大、人才市场发展健全，无形中也增加了人力资源管理的难度。怎样才能加大企业对人才的吸引力，更顺利地招贤纳士、将员工的工作积极性发挥到极致？很多知名大企业都不约而同地采取了这样的人才管理理念：以待遇吸引人，以感情凝聚人，以事业激励人。

1. 以待遇吸引人

俗话说，重金之下必有勇夫。但实际调查显示，优秀人才在考虑工作去向时，绝大多数人并没有把物质待遇放在首位，不过这并不影响“物质需要是人类的第一需要”这个事实。只要企业采取了合适的薪酬福利分配制度，它就能够发挥出强烈的激励作用。

我建议管理者可以这样安排：首先，要将待遇区别拉开档次，并且完善多种分配机制，用以适应不同类型员工的实际需求，因人而异，才能有效激励；其次，还可以对那些在企业中做出了突出贡献的员工给予特殊待遇，比如当他们提出合理化建议和技术革新方案时，提供相应的报酬和奖励；再次，现在国际上非常通行的技术入股、利润提成等措施也可以作为物质激励手段，从把企业和员工捆绑为命运共同体、实现个人与企业的共同发展的角度入手；最后，对于那些位高权重的领导和掌握了重要技术的员工，可以对他们单独实行年薪制，这样有利于他们安下心来稳定工作。

2. 以感情凝聚人

工作氛围和工作环境的好坏也会影响到员工工作时的态度和心情，如果企业可以为员工营造一个舒适的现实环境和和谐的心理环境，员工必然能更好地投入工作当中。管理者还应该在潜移默化中将企业文化、领导魅力传递给每个员工，多在工作中和员工联络感情，给予他们一些工作、家庭、健康方面的关心，这种感情激励拥有无形的能量，可以让员工对公司产生归属感，从而使他们愿意最大限度地发挥自身价值，回馈企业对自己的看重和栽培。

3. 以事业激励人

什么是事业？我们可以将其理解为权力的扩大、地位的提高、职位的晋升。这种非物质激励可以让员工在精神上产生充分的满足感，让人达到“自我实现需求”的最高境界。因此，管理者可以从以下几方面协助员工的事业发展：为员工提供能提高其自身素质和生存能力的培训；帮助员工理清现状，做好未来的职业规划；适时引导他们不断晋升到自己能发挥出更多才能的岗位上。通过这些真正为员工谋福利的努力，可以有效地点燃员工的工作热情，从而提高企业运营效益，实现企业目的。